Article explanation of
Basic requirements and
rating for cultural theme hotel

文化主题旅游饭店
基本要求与评价

(LB/T 064—2017) 释义

中华人民共和国文化和旅游部

中国旅游出版社

编辑委员会

主　任：王晓峰
副主任：刘克智　刘劲柳
编　委：刘　瀛　周　鲲　李　原　王燕林
　　　　李　艺　鲍小伟　钟正超

前　言

为探索新时代新形势下优质旅游发展的新方式，促进文化旅游融合发展，引导旅游住宿业加强文化建设、彰显文化自信，解决星级饭店同质化问题，原国家旅游局颁布实施了《文化主题旅游饭店基本要求与评价》（LB/T 064—2017）。这是以习近平新时代中国特色社会主义思想为指导，构建以星级标准为主干，各种类型业态标准相互配合，共同完善中国住宿业体系标准化建设的一种积极创新，是推进旅游住宿业供给侧结构性改革的新尝试，必将对兴起十年并逐渐成为饭店建设热点和潮流的文化主题旅游饭店建设产生深远的影响，必将从更专业、规范、完善的角度上推动文化主题旅游饭店品质的提升。

一、标准编制的缘由

1. 文化主题旅游饭店是弘扬中华文化的重要途径

中华文化积淀着中华民族最深沉的精神追求，包含着中华民族最根本的精神基因，代表着中华民族独特的精神标识，努力展示中华文化独特魅力，是提高国家文化软实力和塑造国家形象的重要战略，关系到我国在世界文化格局中的定位，关系我国国际地位和国际影响力，关系"两个一百年"奋斗目标和中华民族伟大复兴中国梦的实现。文化主题旅游饭店这种肇始于十年前的饭店创建方式则正是将文化资源引入饭店建设、经营管理与服务之中，润物无声，通过饭店产品的每一个细节，使消费者更深刻地感受、体验和品味中华文化的丰富内涵。因此，文化主题旅游饭店是展示中华文化独特魅力的重要窗口。

2. 文化主题旅游饭店体现了积极健康的社会品质生活

中国即将进入后工业化时代，对品质生活的渴望与追求成为当今社会的主旋律，也成为人们人生价值的重要激发点。在现代社会里人们和饭店的关系越来越紧密，其重要性也越来越大，人们在饭店中所感受的高品质生活体验，不仅影响着人们对饭店产品的满意程度，更影响着人们对生活状态的满意程度。而饭店这种高品质生活体验不仅包含饭店产品功能层面的要素，更包含饭店产品中文化、尊严、个性、记忆、传承等精神层面的要素。文化主题旅游饭店正是通过文化资源深厚的推动力、导向力、凝聚力、鼓舞力赋予饭店更深层次的内涵，形成和反映一种积极、健康、快乐的生活方式和生活态度，使消费者在消费体验的过程中，形成强烈的思想共鸣和精神满足，充分享受饭店所带来的乐趣，并进而对自身生活方式形成一种满足与肯定的积极心态。

3. 文化主题旅游饭店是旅游与文化结合的重要载体

21世纪，世界各国、各地区纷纷把文化发展战略提升为一种国家发展战略。文化战略的隐性方式表现为文化政策和意识形态，文化战略的显性方式表现为文化产业。在全球化的国际环境中，文化产业化的速度和影响力更为快捷和深远。

2014年9月，原文化部专门下发了《关于支持和促进文化产业发展的若干意见》，全面阐述了发展文化产业的战略意义，分析了我国文化产业的现状和问题，提出发展文化产业的指导思想、基本思路以及十一条具体措施。文化产业发展与结构整合的最显著特征就是以有价值意义的文化创造性活动为中心，层层扩散，并与其他产业融合形成混合型产业——创意性产业。

文化主题旅游饭店是沟通二十一世纪最具发展力、最具市场空间的两大产业——旅游业与文化产业的重要载体，是"诗"和"远方"紧密连接的有效途径。

在饭店行业中，通过文化性创造活动的引入，可以使饭店形成更具吸引力和价值意义的服务产品。通过饭店行业文化内涵的提升与强化，又一定程度上补充和完善了文化产业的内涵。因此，文化旅游主题饭店是文化产业与饭店业沟通协调、有机联系的创新性发展方式，是旅游与文化结合的重要载体。

4. 文化主题旅游饭店是培育旅游新增长点的创新性举措

饭店业是旅游业的主要支柱，要实现未来35年我国由大到强、由快到好，从初步小康型旅游大国到全面小康型旅游大国，再到初步富裕型旅游强国的跨越目标，饭店业必须认准方向，理清思路，创新性发展。文化主题旅游饭店是饭店建设方式的创新，是饭店应对市场需求变化的一次革命。文化主题旅游饭店通过文化主题的引入和产品化实现，将文化资源转化为有效的产品价值，在体验和消费中，潜移默化、润物无声地使消费者感受和体验到中华文化的丰富多彩与无穷魅力，从而进一步提升文化自信。因此，文化主题旅游饭店发展的好坏，整体素质的高低，产品品质的满意程度影响和制约着中国旅游业改革创新的高度和宽度，关系到新常态下国民幸福感、获得感和社会和谐文明建设的总体水平。

5. 文化主题旅游饭店是饭店建设的一种潮流

当前，随着世界经济总体形势和中国经济的结构性调整，饭店业面临着巨大的经营压力。转型升级，有效克服自身阻碍发展的结构性问题，全面提升行业综合竞争能力是饭店业在新常态下的首要任务。这就要求饭店业必须以更加科学的发展观和发展方式，创新业态，形成和构建出多元化、多样性的产品供给体系，为消费者创造出美好的饭店品质生活。文化主题旅游饭店是饭店业态贴近市场，适应消费者需求变化的一种创新模式。星星之火，已然燎原。十年来，由成都发轫的饭店主题化、特色化创建模式越来越得到行业的广泛认同。目前在全国范围内文化主题旅游饭店犹如雨后春笋般得到迅猛发展，文化主题旅游饭店已成为中国饭店建设与发展的一种潮流。

以科学旅游观为指导，以市场需求为导向，以行业健康发展为目标，将文化主题旅游饭店创建工作纳入有目标、有规范、重品质、塑品牌的发展轨道，在强化文化传承创新和资源转化机制的基础上，深化主题旅游饭店创建相关理论，探索文化主题旅游饭店系统科学的创建方法，强化文化主题旅游饭店产品内在品质，增强旅游饭店的市场认同度与美誉度是很长一段时期内文化主题旅游饭店建设与发展的主要任务。

6. 规范标准是确保文化主题旅游饭店健康发展的重要手段

随着文化主题旅游饭店建设越来越受到重视，目前由各省市指定的文化主题旅游饭店标准越来越多，但认识不一、概念多样、要求各异，体例繁杂，迫切需要规范。

因此，为更好地促进文化主题旅游饭店的建设与发展，在住宿业发出中国声音，讲好中国故事，展现中国魅力，塑造中国品牌，结合行业实际，编制了本标准。

二、标准编制的目的、指导思想

标准的编制是为了适应饭店多元化、多样性发展趋势，促进完善的饭店标准化体系建设。因此，标准将进一步提升中国饭店业核心竞争力，在饭店服务中弘扬和传播中华文化，使消费者在消费中体验中，潜移默化地感受中华文化魅力和饭店服务品质，并在世界范围内树立中国住宿业的形象，更好地发出中国声音，讲好中国故事，展现中国魅力，塑造中国品牌。

为此，标准编制的指导思想是：

1. 坚持以文化资源向饭店产品的有效转化为主线。

2. 坚持以增强主题旅游饭店综合竞争能力为核心。

3. 坚持以提升饭店品质，增强主题旅游饭店市场认同度、美誉度为主要任务。

4. 坚持以创新的理念、科学的发展方式、贴近市场的产品形态、高效灵活运营系统建设为基础。

三、标准的主要创新点

结合标准化体系建设的需要，本标准的主要创新点是：

1. 适应多元化、多样性发展趋势，构建以星级标准为主干，以各种新兴业态标准为补充的旅游住宿业标准化体系。

2. 促进行业对文化主题饭店的理解，以更加科学、有效、经济的方式打造出更多具有品质和体验感的文化主题产品，高度重视文化资源的特色、内涵、健康和可创意性。

3. 通过将优秀的中华文化主题导入饭店，在饭店服务中大力弘扬和传播中华文化，实现文化资源向文化产品的转化，有效地提升中国饭店的核心竞争力。

4. 本标准的出台将通过文化主题的力量促进中国住宿业个性和特色的形成，从而在国际饭店界塑造中国饭店的服务风格和流派，为中国服务国家品牌战略的实施做出积极的贡献。

四、标准的特点

结合市场和文化主题旅游饭店内在规律，本标准的主要特点是：

1. 强调文化资源的特色、内涵、健康和可创意性。

2. 强调文化主题对市场、饭店内在规律的适应性。

3. 强调文化主题旅游饭店建设的专业性、体验性、持续性。

4. 强调静态环境与动态主题活动的融合性，积极倡导依据文化主题对服务产品、服务方式的创新与发展，鼓励饭店服务的情节性、故事性、仪式感和可体验感。

　　本释义的编制旨在对标准的整体框架做全面的梳理，针对标准中的难点、疑点以及容易引起理解歧义的条款作出一致性的解释，以更加充分地发挥标准的特点，使标准在使用过程中能够发挥更专业、更实用、更有指导性的功能和作用，促进中国文化主题旅游饭店的健康发展。

目　　录

一、《文化主题旅游饭店基本要求与评价》释义 ············· 1
　　1. 范围 ··· 1
　　2. 规范性引用文件 ······························· 1
　　3. 术语和定义 ··································· 2
　　　　3.1　文化主题 cultural theme ················ 2
　　　　3.2　文化主题旅游饭店 cultural theme hotel ··· 4
　　　　3.3　文化主题符号 cultural theme symbol ······ 11
　　　　3.4　文化主题产品 cultural theme product ····· 12
　　　　3.5　文化主题活动 cultural theme event ······· 12
　　　　3.6　文化主题氛围 cultural theme atmosphere ·· 15
　　4. 基本要求 ····································· 16
　　　　4.1　传承发展要求 ························· 16
　　　　4.2　独特创意要求 ························· 16
　　　　4.3　舒适安全要求 ························· 17
　　　　4.4　系统协调要求 ························· 17
　　5. 等级与标识 ··································· 18
　　6. 等级评定基本条件 ····························· 18
　　7. 等级划分条件 ································· 20
　　　　7.1　金鼎级 ······························· 20
　　　　7.2　银鼎级 ······························· 28

二、表 A 文化主题旅游饭店必备项目检查表释义 ········ 38
　　1. 必备项目有关创意策划与主题定位的要求 ········· 38

2. 必备项目关于发展规划书的要求……………………………… 39
3. 必备项目关于设计方案的要求………………………………… 40
4. 必备项目关于保障机制的要求………………………………… 41
5. 必备项目关于建筑外观与装修的要求………………………… 41
6. 必备项目关于环境资源的要求………………………………… 43
7. 必备项目关于艺术品的要求…………………………………… 44
8. 必备项目关于文化主题展示场所的规定……………………… 45
9. 必备项目关于标牌的要求……………………………………… 46
10. 必备项目关于装修风格的要求……………………………… 47
11. 必备项目关于餐厅用品的要求……………………………… 48
12. 必备项目关于员工服饰的要求……………………………… 49
13. 必备项目关于员工区域文化主题宣传的要求……………… 50
14. 必备项目关于前厅服务的要求……………………………… 51
15. 必备项目关于特色饮食品的要求…………………………… 51
16. 必备项目关于导览服务的要求……………………………… 52
17. 必备项目关于文化主题客房与服务的要求………………… 53
18. 必备项目关于文化主题餐厅与服务的要求………………… 53
19. 必备项目关于康体、休闲服务项目的要求………………… 54
20. 必备项目关于特色菜品的要求……………………………… 56
21. 必备项目关于主题宴会产品的要求………………………… 57
22. 必备项目关于特色商品的要求……………………………… 59
23. 必备项目关于节庆活动的要求……………………………… 60
24. 必备项目关于演艺活动的要求……………………………… 61
25. 必备项目关于体验活动的要求……………………………… 62
26. 必备项目关于舒适度的要求………………………………… 62

三、表 B 文化主题旅游饭店等级划分评价表释义…………… 66
1. 等级划分评价表的评分说明…………………………………… 66
2. 标准 1.1 文化主题创意策划…………………………………… 66
3. 标准 1.1.3 文化主题定位……………………………………… 67
4. 标准 1.2 饭店设计……………………………………………… 69
5. 标准 1.2.4 园林景观设计……………………………………… 70

目录

6. 标准 1.2.5 灯光系统设计 ······ 73
7. 标准 1.2.6 家具设计 ······ 74
8. 标准 1.2.7 VI 设计 ······ 75
9. 标准 1.3.1 组织 ······ 75
10. 标准 1.3.2 制度 ······ 76
11. 标准 1.3.3 人力资源 ······ 77
12. 标准 1.3.5 经费 ······ 77
13. 标准 3.1.3 关于结构、空间、流线 ······ 78
14. 标准 2.1.4 色调 ······ 79
15. 标准 2.16 门头设计 ······ 81
16. 标准 2.2.2 花园 ······ 82
17. 标准 2.2.3 水景 ······ 82
18. 标准 2.2.4 庭院 ······ 82
19. 标准 2.2.5 建筑小品 ······ 83
20. 标准 2.2.7 景观照明设计 ······ 84
21. 标准 2.3 文化主题展示区域 ······ 85
22. 标准 2.4.4 文化街或商品街区 ······ 86
23. 标准 2.4.5 专门活动场所 ······ 86
24. 标准 2.7.5 墙面装饰 ······ 87
25. 标准 2.7.9 艺术品系统 ······ 89
26. 标准 2.7.13 总服务台 ······ 91
27. 标准 2.8.7 灯饰与照明 ······ 91
28. 标准 2.8.9 床 ······ 92
29. 标准 2.8.12 挂画、陈设等艺术品 ······ 93
30. 标准 2.9.2 各餐饮区域装修 ······ 94
31. 标准 2.9.3 2.9.4 餐厅文化氛围的要求 ······ 95
32. 标准 2.9.5 菜单 ······ 95
33. 标准 2.9.8 厨房要求 ······ 96
34. 标准 2.10.1 康乐、会议区域装修风格 ······ 97
35. 标准 3.2.1 有文化主题客房 ······ 97
36. 标准 3.2.6 布草等装饰艺术 ······ 98
37. 标准 5 网络评价 ······ 98

四、附录 ·· 99
　《文化主题旅游饭店基本要求与评价》（LB/T 064—2017）·········· 99
　表 A　文化主题旅游饭店必备项目检查表 ································ 109
　表 B　文化主题旅游饭店等级划分评价表 ································ 113

一、《文化主题旅游饭店基本要求与评价》释义

1. 范围

标准原文

本标准规定了文化主题旅游饭店的术语和定义、基本原则、等级与标识、等级评定基本条件及等级划分条件。

本标准适用于要求创建文化主题旅游饭店的住宿企业。

释义

文化主题旅游饭店是住宿业在新市场、新需求、新任务、新目标环境下以创新的理念、科学的发展方式、贴近市场的产品形态、高效灵活运营系统建设为基础，适应市场消费趋势，提升产品价值的一种积极探索和实践，作为住宿业丰富产品形态、完善服务体系的一种创新模式，主题化的创建模式适用于任何类型、档次、业态的住宿企业。

2. 规范性引用文件

标准原文

下列文件对于本文件的应用是必不可少的。凡是注日期的引用文件，仅所注日期的版本适用于本文件。凡是不注日期的引用文件，其最新版本（包括所有的修改单）适用于本文件。

GB/T 14308 旅游饭店星级的划分与评定

LB/T 007 绿色旅游饭店

> 释义

文化主题旅游饭店是旅游住宿业的有机组成部分，在设计、建设、经营管理与服务中还必须满足旅游住宿在专业性、整体性、舒适性、节能环保、安全管理等方面的基本要求，应切实遵循旅游住宿业相关标准的相应规定。

3. 术语和定义

3.1 文化主题 cultural theme

> 标准原文

依托某种地域、历史、民族文化的基本要素，通过创意加工所形成的能够展示某种文化独特魅力的思想内核。

> 释义

1. 文化是一个非常宽泛的概念，关于文化的定义不下几千种，但总体而言，文化是指人类的一切社会现象与内在精神的既有、传承、创造、发展的总和。它囊括人类从过去到未来的历史，是人类所有物质表象与精神内在的整体，包括历史、地理、风土人情、传统习俗、工具、附属物、生活方式、宗教信仰、文学艺术、规范、律法、制度、思维方式、价值观念、审美情趣、精神图腾等基本要素。

2. 主题，《辞海》解释：第一，主题又叫"主题思想"，是指文艺作品中蕴含着的基本思想，是作品所有要素的辐射中心和创造虚构的制约点。第二，或者指乐曲中具有特征的，并处于显著地位的音乐思想，是乐曲基本意向的载体，也是形成结构和发展的基础。

因此作为作品的核心与基调，主题有以下基本规定性：

（1）具有鲜明特征，且在作品中处于主导的位置。

（2）是经过人为提炼的，能够反映人的认知水平。

（3）是作品结构与发展的基础，作品的整体推进与每个细节的设定必须符合主题的基本规定和要求。

因此，文化主题在文化主题旅游饭店中发挥着以下举足轻重的作用：

（1）文化主题作为一种完整的思想，需要经过加工提炼，反映创建者的思想和诉求。

（2）文化主题的特色决定着文化主题旅游饭店基本的风格与特点，成为文化主题旅游饭店整体结构规划的基础。

（3）文化主题深刻的内涵为文化主题旅游饭店产品创新提供丰富的养分，影响着文化主题旅游饭店产品体验价值的深度与宽度。

因此，文化主题是一种中心思想，是文化主题旅游饭店的核心和灵魂。

3.并非任何文化资源或文化要素都适合作为文化主题旅游饭店的文化主题，作为文化主题的资源或要素必须满足以下基本条件：

（1）深刻性。文化主题的形成必须在深入认识、研究、评价众多文化资源的基础上，一方面通过选择、提炼那些具有影响力和代表性的特征文化元素，艺术性的展示文化特质；另一方面所选择的文化资源还应该具有时代感，能够引起人们的思想共鸣，从而达到塑造旅游饭店独特品牌形象的目的。

（2）审美性。文化主题旅游饭店是一个复合型美学系统，丰富的美感来源于文化主题内涵的丰富程度和艺术水平，依据文化主题，以时尚、健康、艺术的眼光挖掘文化资源内涵，发现美的因素，从而形成具有深厚内在美感的产品是文化主题旅游饭店文化主题开发的中心工作，因此文化主题的开发绝不是资源的简单复制和照搬，而是一种高层次的审美性创造活动，要求所依据和选择的文化资源或要素符合饭店美的基本规律，并以其丰富的品质和品位来帮助饭店良好氛围的形成。

（3）识别性。文化主题应具有强烈的特征，为大多数人所知晓，为消费者所喜闻乐见。依据文化主题，能够创造出美的环境，给消费者带来美的享受和美的记忆。这就要求，通过艺术处理，文化主题所形成的产品应该特色鲜明，具有强烈的文化感召力，且易于接受和感知。因此，文化主题所依据的文化资源或文化素材应是主流文化，应具有美学性、时代感，为大多数人所理解、接受和喜爱。

（4）拓展性。文化主题与饭店市场定位相吻合，符合消费需求的发展趋势，与所在区域经济发展水平和未来发展规划相适应，确保文化主题定位具有足够的市场支撑，具有可持续发展空间。同时，文化主题所具有的内涵能够为饭店创新提供丰富的养分，能够为饭店创新服务产品，形成有效的产业链提供积极的帮助。

（5）协调性。文化主题与饭店所在社区的文化背景、环境风貌协调，能够为所在区域大多数居民所认同、接受和乐于传播。

3.2 文化主题旅游饭店 cultural theme hotel

标准原文

以某一文化主题（见3.1）为中心思想，在设计、建造、经营管理与服务环节中能够提供独特消费体验的旅游饭店。

释义

1. 文化主题旅游饭店的内涵

文化主题旅游饭店是饭店一种创新型业态，是一种将文化引入饭店，借助文化力，提升饭店产品体验价值的创建模式，因此文化主题旅游饭店定义传递出三个基本的信息：

（1）主题化。文化主题旅游饭店高度强调饭店整体的主题化，强调围绕文化主题构建完整的饭店体系。

（2）系统化。文化主题旅游饭店的主题化应围绕同一的文化主题展开，要求饭店从设计、建设，到经营、管理与服务必须围绕同一的文化主题展开，形成"文化主题—饭店建筑空间—经营体系—服务产品—宾客体验"的系统化工程，因此表述同一的文化理念，展示同一的文化形象，传递同一的文化信念，创造同一的文化体验是文化主题旅游饭店的显著特点。

（3）体验化。体验是服务产品的高级形态，文化主题旅游饭店既要通过建筑外观、空间氛围、设施设备档次、艺术陈设美观度等硬件环境，也应该通过服务方式和服务过程的故事性、戏剧性、艺术性等软件手段使饭店产品在文化主题的统领下，具有趣味性、情节性与节奏感，从而引起消费者的关注和情感共鸣，使消费者潜移默化地体验饭店产品所带来的无穷魅力，从而实现饭店产品达到引发注意力，深化记忆力，形成品牌力，培育竞争力的目的。

2. 文化主题旅游饭店的类型

饭店的主题化实际上是资源素材转化为产品的过程，因此资源的类型应成为文化主题旅游饭店类型划分的依据。

文化资源是人类所创造的物质文化、制度文化和精神文化遗产的总和。从广义上说，文化资源有两个来源：一是来自于自然，二是来自于人为。因而，资源也可以分为两个范畴：一是自然界赋予的自然资源，二是人类社会由人的劳动创造的各种资源。所以文化资源包括了自然资源和社会资源两大类型。

社会资源是文化资源的主体，按历时性又可分为文化历史资源和文化现实资源。文化历史资源主要是指前人创造的物的凝聚，包括历史文化资源、历史人物文化资源、民族文化资源、区域文化资源、民俗文化资源、民间文化资源等。文化现实资源则包含经济文化资源、科技教育文化资源等。

自然资源是自然界进入生产过程的各种物质。随着人们社会科学技术和生产水平的进步，资源包含的种类不断扩大。自然资源可以是指地球上一切有生命和无生命的资源，但通常只指在一定的技术、经济环境中对人类有益的资源。具体而言，包括自然风光、火山、矿产、植物、动物、河流、湖泊、温泉、海洋等资源。

基于文化资源理论，文化主题旅游饭店类型可以划分为社会资源类和自然资源类两个大类。其中，社会资源类分为文化历史资源类、文化现实资源类2个小类；自然资源类分为自然科学知识类与自然审美资源类2个小类。

文化历史资源类中包含历史文化类主题饭店、民族文化类主题饭店、区域文化类主题饭店、民俗民间文化类主题饭店和名人文化类主题饭店。文化现实资源类中包含经济文化类主题饭店、科技教育文化类主题饭店。

自然科学知识类主要指以展示自然科学知识、创造、发明等为主题的主题饭店；自然审美资源类则主要指通过自然风光、自然生态、山水诗歌、绘画、图片等方式，以自然审美文化为主要内容的主题饭店。

主题饭店类型划分

一级类型	二级类型	细分类型	文化素材
社会资源类	文化历史资源类	历史文化类主题饭店	文化现象、历史年代、历史事件等
		民族文化类主题饭店	民族文化、民族风情等
		区域文化类主题饭店	地域文化、著名城镇、标志性符号
		民俗民间文化类主题饭店	民间传说，生活习俗，节日庆典文化，体育健身文化，地方工艺
		名人文化类主题饭店	历史、现实名人、革命先烈等
	文化现实资源类	经济文化类主题饭店	经济成果、特产等
		科技教育文化类主题饭店	科技成果，博物馆文化、图书馆文化，艺术、音乐等
自然资源类	自然科学知识类	自然体验文化类主题饭店	自然科学知识、创造、发明等
	自然审美资源类	自然审美文化类主题饭店	自然风光、自然生态、山水诗歌、绘画、图片

3. 文化主题旅游饭店的特性

和一般性饭店相比较，作为一种饭店创新的发展模式，文化主题旅游饭店具有以下基本特性：

（1）人文性。以市场为导向，以最大限度满足消费者一般需求的前提下，进一步感染消费者，形成精神性产品是文化主题旅游饭店建设的目的。因此，无论选择何种主题，采用何种方式进行产品的生产，文化主题旅游饭店呈现的整体氛围和品质必须具有人文性特征。所谓人文性，是指文化主题旅游饭店的每个细节都必须"以人为本"。一方面文化主题的选择与确定应立足市场，充分考虑消费者的需要，做到文化主题宜理解，宜接受，适应消费者的知识结构和审美需求。另一方面，由文化主题衍生的产品和服务为大多数消费者所喜爱和接受，能够帮助他们获得更好的享受，形成美好难忘的记忆。

（2）差异性。文化主题旅游饭店创立的根本目的是提高产品品质，丰富产品内涵，进而提升产品的满足能力。因此，文化主题旅游饭店建设的着眼点绝不仅仅停留在销售环节，而是贯穿经营的全过程。文化主题旅游饭店的优势正在于通过将文化主题融入产品体系之中，形成全方位的差异，在日益加剧的竞争中，使自己的产品区别于竞争对手，优于竞争对手，从而使消费者喜爱自己的产品。因此，差异性要求主题饭店应以主题为核心构筑全方位差异性的经营体系和氛围。文化主题旅游饭店的全方位差异性体现在差异不是噱头，而是通过差异能为顾客提供更有价值的利益。这种差异富有时代特色，符合人们消费时尚的变化趋势，其他饭店短时期内无法轻易模仿，具有很强的生命力。通过专业而艺术的方式，饭店能将自身形成的差异明白、准确地传递给消费者，并让他们充分地感知与享受。同时，这种差异符合顾客购买需要和支付能力，对饭店而言，则能带来可观的社会效益和经济效益。

（3）体验性。保罗·萨特说："人类是故事的叙述者。他总是生活在自己和他人的故事之中。他也总是通过这些故事看到他遭遇的一切并且试图在重述这些故事中生活。"文化主题旅游饭店既通过建筑外观、设施设备工艺水平、艺术陈设美观度等硬件环境，也通过服务方式和服务过程向人们讲述出一段文化的故事、服务的故事、饭店的故事，从而使饭店的环境和氛围具有趣味性、情节性，富于节奏感，使消费者产生情感的共鸣，从而获得体验需求的满足。

（4）舒适性。所谓舒适性，是指文化主题旅游饭店的环境、氛围以及产品必须让顾客感到舒适与方便。舒适是饭店产品的基本要求，文化主题旅游饭店不能因融入文化主题，展现文化而牺牲产品舒适度。服务是饭店最基本的要素，文化氛围营造与体现的形式必须服从文化主题规定的结构，而由文化主题决定的饭店结构又必须服从于饭店对客服务功能的需要。必须避免服务功能和文化形式的冲突。这就要求，围绕文化主题进行的各种细化与展现工作要有利于饭店产品舒适度的提高，要符合审美与时尚的发展趋势。

（5）品牌性。品牌即是一种关注度和吸引力。文化主题旅游饭店的品牌是指通过文化主题的表现，能够为饭店在市场上树立鲜明的形象，达到引发注意力、深化记忆力、创造文化力、形成品牌力，培育竞争力的目的。

文化主题旅游饭店的特性各有其内在的特殊要求，决定了文化主题旅游饭店优越于一般性饭店建设模式的基本框架。在上述五个特性中，人文性是根本，差异性是实质，体验性是目的，舒适性是基础，品牌性是方向。

4. 文化主题旅游饭店的行业作用

作为一种创新性饭店创建模式，文化主题旅游饭店的建设方式对行业发展、提升和完善具有非常积极的作用，具体体现在：

（1）以差异化策略，增强饭店持续发展能力。高速发展的饭店供给规模必然导致竞争的日益激烈，饭店要生存与竞争，要持续地占有市场，就必须调整自身的发展战略和竞争策略，形成新的产品体系，开拓新的市场空间。

文化主题旅游饭店建设方式正式通过一套完整而科学的方法，在产品体系构建中，通过增加最为重要的价值元素——文化主题，并依据主题开发产品，变更服务流程，增加特色，提升内涵，从而创造出以前从没有过的饭店价值。这就使文化主题旅游饭店实现了21世纪两大朝阳产业——饭店业与文化产业的融合。在"亚文化产业"平台上，文化主题旅游饭店凭借"文化力"形成了与一般饭店之间最大的差异化，完成了"重建市场边界"的任务，确保了文化主题旅游饭店持续发展的能力。

（2）以深层次创新，提升饭店价值。从现代营销理论的产品观念来看，饭店产品的概念包括三个层次的含义，即核心产品、实际产品和延伸产品。核心产品是指顾客从产品中得到的根本利益。实际产品是指从物质上能展示产品核心利益的多种因素，如设计风格、建筑特色、地理位置、服务项目、服务水平等。延伸产品是指在客人购买其实际产品和服务时所提供的附加利益，如饭店所提供的免费停车场、免费来往于旅游点、购物点与机场的班车等。在实际工作中，人们习惯于在实际产品范畴思考问题，将创新的思维集中在技术层面与服务层面。但在体验经济时代下，消费者越来越成熟，在他们的消费观念中，饭店技术、服务质量的高品质是理所当然的事情，他们需要更有价值的收益。

因此饭店的创新在原有基础上必须不断深化，必须在核心产品，也就是品质层面不断变革。

英国曼彻斯特大学大众文化研究所执行主任贾斯廷·奥康纳在《欧洲的文化产业和文化政策》一书中指出：从20世纪七八十年代开始，大众消费已走向精品市场。消费的文化性趋势将消费商品的文化构成置于了经济价值的最核心地位。就饭店而言，文化主题旅游饭店正是通过将文化资源转化为饭店文化主题，形成产品，赋予服务更有内涵，更具吸引力的文化价值，因此这种创新是一种深层次的创新，是一种目标瞄准价值提升的创新，具有旺盛的生命力。

（3）以全方位战略行动，拓展饭店建设思路。在文化主题旅游饭店建设过程中，首先，主题化是一种战略，要求全方位改变饭店固有的组织机制，激活组织，赋能组织。因为价值创新不仅仅是创新，而是一种战略，是关系到一家企业各方面活动的一整套系统。价值创新要求企业让整套系统朝着为卖方和企业自身实现价值飞跃而运转。缺少这种整体性的方法，创新就无法接近战略的核心。其次，主题化是一种行动，包含采用新思想、新观念、新意识、新方法对饭店产品体系进行的全方位整合与重组。文化主题旅游饭店的价值创新体现为一种战略，表现为主题统领下，饭店建设、经营、管理与服务的一整套管理动作和决定。

由此可见，在主题化战略指导下，通过文化资源的引入与融合，为饭店经营者开启了新的视角，拓展了新的工作空间。也可以说，主题化极大地丰富了饭店的建设素材和手段。

（4）以文化力，提高饭店效益。法国社会学家皮埃尔·布迪厄在其文化社会学力作《区分》一书的序言中对文化力作了简明透彻地分析，他说：第一，置身于社会场域中的行动者的习惯都是由文化中获致的，是培养和教育的产物。第二，文化中存在的等级与获取文化的行动者的社会等级对应，因此获得文化的方式铭刻在消费文化的方式中。行动者通过文化符号区分事物，文化符号同时区分行动者。第三，文化是任意的、人为的建构系统。从来没有天然合法、高贵的语言、文化类型。第四，文化是命名合法权力、确定高贵头衔的"软性"暴力，文化也是政治性的。第五，文化高贵性、正当性的斗争生生不息。无论对布迪厄社会学理论是否赞同，我们从以上论述中可以清楚地看到，在人类政治、经济、社会生活中，文化力所产生的作用和影响是巨大的。在"市场经济发展中'文化力'是推动力、导向力、凝聚力、鼓舞力。市场经济的发展离开了'文化力'的支柱，就失去了智力支持和精神动力"，文化作为人类实践生活的基础，它提供了人们相互理解、交往、参与社会实践的空间。

饭店是一种文化企业，文化主题旅游饭店依托文化主题，在饭店服务全过程中，通过对文化主题的展示与体现，一方面丰富、完善了产品体系建设，为消费者创造和提供了更大的服务价值；另一方面在饭店平台上，借助文化力的作用，吸引、聚集了更多具有相同兴趣与爱好的消费者。因此，和一般性饭店相区别，文化主题旅游饭店不仅是满足消费者住宿、餐饮、娱乐等浅层次需求的场所，更是以共同的爱好、相同的兴趣为纽带，以思想交流、情感共鸣为目的的人群集聚地。在这里，文化力赋予饭店更为强大的吸引力，文化产品为消费者提供更有品质的服务，带来更美好的感受与更大的收益。

5. 中国文化主题旅游饭店发展阶段

中国的文化主题旅游饭店由模糊感觉到形成概念，由初浅意识到逐渐清晰的思维，由探索式实践到理性化建设，经历了一个不断发展与完善的过程，发展至今先后经历了以下阶段：

（1）探索阶段（1978年~2004年）。这是在旅游住宿业中尝试性引入文化元素，探索性思考和研究特色化、主题化酒店创建模式的初始阶段。以四川九寨沟国际大酒店、深圳威尼斯皇冠假日酒店、四川青城山鹤翔山庄等为代表的饭店开始尝试将文化元素引入饭店，从而提升饭店产品的核心品质。尽管相关认识尚不清晰，对文化元素的运用仅仅停留在简单复制的层面，但这种新的饭店建设方法引起了行业普遍的兴趣，成为饭店建设中人们逐渐开始关注的话题。

（2）有意识的实践阶段（2004年~2010年）。在前一阶段尝试性工作的基础上，2004年来自全国30多家饭店的近百名代表及相关专家、学者齐聚成都京川宾馆召开了"中国国际主题酒店研究会筹备大会"，明确将文化旅游住宿界定为"主题酒店"，希望对充满特色的文化旅游住宿设施予以基本的界定和引导。与此同时，一批专家学者根据行业发展的需要和主题酒店建设中遇到的难点问题，开展了卓有成效的理论研究工作，从不同角度对文化主题旅游饭店的定义、内在规律、创建的原则与方法等问题进行了初步的研究，形成了一批早期的学术成果。贴近市场，适应饭店发展规律的主题酒店创建模式也引起了新闻媒体的广泛关注，开始系统地介绍文化主题旅游饭店创建的成果和相关理论研究情况，在全行业引起了巨大的反响。

（3）规范化发展阶段（2010年~2014年）。在行业特色化、主题化建设逐渐高涨的形势下，各级旅游主管部门高度重视文化主题旅游饭店的建设工作，纷纷出台政策鼓励和促进本地区文化主题旅游饭店的发展。同时为进一步规范文化主题旅游饭店的建设，促进文化旅游住宿的发展，四川、浙江、山东、北京、安徽等地的旅游主管部门开始着手相关规范和标准的制定。

（4）迅速发展阶段（2014年~2017年）。2014年《国务院关于促进旅游业改革发展的若干意见》（国发〔2014〕31号）提出要转变旅游业的发展方式，"更加注重文化传承创新，实现可持续发展""大力发展具有地方特色的商业街区，鼓励发展特色餐饮、主题酒店"。

与此同时，2014年国务院还出台了《国务院关于推进文化创意和设计服务与相关产业融合发展的若干意见》（国发〔2014〕10号），要求"推进文化创意和设计服务等新型、高端服务业发展"，希望"依托丰厚文化资源，丰富创意和设计内涵，拓展物质和非物质文化遗产传承利用途径，促进文化遗产资源在与产业和市场的结合中实现传承和可持续发展"。尤其在旅游业，要求"提升旅游发展文化内涵。坚持健康、文明、安全、环保的旅游休闲理念，以文化提升旅游的内涵质量，以旅游扩大文化的传播消费"，"鼓励发展积极健康的特色旅游餐饮和主题酒店"。

政府的支持激励了行业的发展，主题化的住宿业创建方式更是突破星级饭店的范畴，进入到连锁酒店、乡村酒店、旅游客栈等各种业态、各种层次的旅游住宿业中，形成了声势浩大的主题饭店、特色饭店、精品饭店、主题客栈、文化民宿、主题邮轮的建设高潮。

2017年8月15日，《文化主题旅游饭店基本要求与评价》（LB/T 064—2017）的颁布，标志着中国文化主题旅游饭店建设进入到一个科学化、标准化、规范化的发展阶段。

（5）标准化、规范化发展阶段（2017年~今）。《文化主题旅游饭店基本要求与评价》（LB/T 064—2017）的宣传、贯彻、执行，将文化主题旅游饭店的建设工作纳入到全域旅游发展的框架之内，必将在更高的层面、更宽泛的领域推动和促进文化主题旅游饭店的健康发展。

10年来，在挖掘中华文化，发出中国声音，讲好中国故事，展现中国魅力，塑造中国品牌，创新饭店产品的过程中，中国涌现了一大批内涵丰富多彩，产品特色缤纷的文化主题旅游饭店，涵盖历史文化、民族文化、区域文化、民俗民间文化、名人文化、经济文化、科技教育文化、自然体验文化、自然审美文化等九大类，涌现了草原文化、藏文化、三国文化、道家文化、年画文化、藏族歌舞艺术文化、水文化、奇石文化、电影印象文化、阅读文化、芙蓉文化、茶文化、摄影文化、禅文化、文字文化、敦煌文化、丝绸文化、茶马古道文化、女性文化、汽车文化等多形态、多特色、多亮点的文化主题饭店产品。

3.3 文化主题符号 cultural theme symbol

标准原文

依据某一文化主题（见3.1）特点提炼形成的创意性符号。

释义

符号是人类文化与艺术的母体，人们习惯于使用简洁的符号来具象、艺术性地展示某种事物或情感。在文化主题旅游饭店空间氛围营造中，文化主题符号发挥着至关重要的作用。

1. 文化主题符号是一种象征性的视觉传播符号，它以优美、典雅的形与色来表达文化主题信息，传达文化主题理念，给人以鲜明的识别性、强烈的刺激性和深刻的记忆性。

2. 文化主题符号犹如戏剧中的"戏胆"，见微知著，通过反复不断出现，起到强调和渲染某种思想或情绪的作用。因此作为文化主题旅游饭店空间装饰的一种"道具"，文化主题符号以一种可视、可感、可读、可赏之物遍布文化主题旅游饭店各个视觉空间，绵延不断地向身临其中的消费者传递文化主题信息，展现文化主题之美，即通过高度概括、清晰、明快、强烈的平面化图形语言，文化主题符号将文化主题内在品质的连续性、发展的生动性、表现与演绎方式的独特性予以展现，形成强烈的文化气场，拨动消费者的思维之弦，激起情感涟漪。

3. 文化主题符号是象征性符号，具有表意的功能。同时，文化主题符号是创意性元素符号，具有装饰性功能。因此，文化主题符号在文化主题旅游饭店中的功能可以归纳为：以符号化的语言揭示文化主题的精髓；以具象化的存在传递饭店的主题形象；以艺术化的形式美化饭店的空间环境。

4. 文化主题符号设计的基本要求是立意准确、创意新颖、语言简洁、色彩洗炼、情感真挚。

符号是一种语言，符号是一种思想，符号是一种情感。在文化主题旅游饭店中，文化主题符号体现出建设者对文化主题的理解深度和审美情趣，是"画龙点睛"的那一笔，直接影响着消费者的体验与记忆。

3.4 文化主题产品 cultural theme product

标准原文

围绕某一文化主题（见3.1）特点所提供的服务项目和特色商品。

释义

1.按照传统营销理论，饭店产品通常包括：①核心性产品，主要指饭店最基本的需求满足，如客房为顾客提供的睡眠，餐厅的美味等。②配置性产品，指为实现核心性产品，饭店必须具有的物品和服务，如设施设备、规范化服务程序等。③支持性产品，指饭店区别于竞争者增加的额外服务，如节假日问候、主题活动促销等。④拓展性产品，包括可进入性、氛围、顾客与服务机构的互动、顾客参与以及顾客之间的互动等，这些因素连同核心性产品、配置性产品、支持性产品一起提供了拓展性产品。然而，在新的消费环境中，体验成为一切消费的核心，因此就要求饭店在产品创意和生产中必须以消费者为中心，创造出使消费者乐于参与，并能获得愉悦体验的一系列服务。这些服务是一种围绕特定主题，由饭店设计开发，具有体验价值，并在与核心性产品、配置性产品、支持性产品、拓展性产品相互影响、相互融合基础上形成的新产品形态，即文化性产品。在文化主题旅游饭店产品构成中，文化性产品非常重要，决定着文化主题旅游饭店产品的市场吸引力和生命周期。

2.作为一种文化性产品，文化主题产品是指以饭店空间和设施、设备为舞台，以仪式化服务和可记忆、可收藏的特色商品为载体，具有主题文化性和体验价值，能给顾客带来愉悦感受的一系列服务。

3.文化主题产品的开发必须坚持文化性、舒适性、体验感相结合的原则，必须在专业化指导下，服从、服务于饭店经营的需要，饭店服务功能完善的需要，饭店舒适氛围营造的需要，饭店经营效益提升的需要。

3.5 文化主题活动 cultural theme event

标准原文

围绕某一文化主题（见3.1）特点提供的文化性、参与性和体验性的活动项目。

> 释义

1.文化主题活动是饭店的"活化产品",是饭店最具魅力、最具参与性、最能形成深刻记忆的一种仪式化服务产品。文化主题活动的创意设计在强化参与性、趣味性、故事性、娱乐性的前提下,更应高度关注"特色"的塑造,而有效需求满足程度是特色化的衡量尺度。

2.动态的活动从价值角度讲,在某种意义上超过静态的环境营造,它以强烈的仪式性、表演性、参与性刺激消费者的感观,从而调动其情绪,形成消费的冲动和深刻记忆。

文化主题活动由节庆活动、演艺活动、互动式体验活动三种类型的服务项目组成,包括主题迎宾仪式;堂吧表演;互动式广场娱乐活动;展示主题的戏剧表演;特色鲜明的歌舞表演;主题文化节;主题美食节;依据主题形成的顾客技能、知识培训等服务项目。

3.文化主题活动的功能与特点:

(1)文化主题活动是服务仪式化高级层次。

仪式是人类文明和文化的积淀,是人内心的渴望与现实的伟大创造,是符号化的实体或实物。仪式使原本普通的时段魔力化,普通的事件神秘化,从而产生强大的精神意义,长久地被人们记忆和回味。

饭店是一个充满仪式和销售仪式感的行业,饭店一整套SOP即是基于人类仪式的内在规律而设计形成的,通过规范完善的流程、规范,饭店让服务上升为一种仪式,从而给宾客带来至高无上的尊严和愉悦体验。文化主题活动更在产品价值创造层面,以对文化主题的深化和产品转化,通过仪式这种形而下的活动方式,在产品体验过程中创造出一种形而上的精神价值,这种价值既是人们精神追求中极为重要的仪式感,更是文化主题旅游饭店产品特质所达到的境界。

(2)仪式感是文化主题旅游饭店的一种情怀。

所谓仪式感是指在仪式这种特定时间、特定场所中,依托仪式的外在表现形式(如神圣物、音乐、舞蹈、装饰、语言、动作等)人们所获得的一种心理上的情感体验,这种情感体验即是文化主题旅游饭店的情怀所在。

文化主题旅游饭店是区别于传统饭店的一种新的建设模式,是一种富于情感的饭店产品形态,文化主题旅游饭店的终极吸引力来自于由文化主题形成的一种独特精神境界，充满情怀是文化主题旅游饭店精神境界的标志，而文化主题活动正是文化主题旅游饭店围绕文化主题，在产品创新过程中，通过"活动"这种外在表现形式，润物无声、潜移默化地引起宾客内心波澜与改变的服务方式变革。

（3）文化主题活动具有以下基本特点。

文化性：所谓文化性是指所有文化主题活动应围绕主题开展，通过深入挖掘主题的丰富内涵，在文化主题活动中注入鲜明的主题文化基因，并符合宾客文化消费的心理特征和审美规律，有机地将不同的文化主题活动相互连接起来，最终形成饭店完整的文化主题活动产品链，构建起整体的意义发生与意义消费体系。

趣味性：所谓趣味性是指文化主题活动不可盲目模仿，应依据主题的特性，严格按照仪式的创意规则，设计出内容丰富、形式独特、意蕴深厚、回味无穷的活动方式，以极强的吸引力，为住店客人所喜爱和接受。

参与性：所谓参与性是指文化主题活动的创意设计应基于前两者基础上，应充分考虑仪式参与过程中对生理机能、操作技能水平要求的难易程度，重视活动参与的方便程度，即易学、易做、易体验、易感受，从而使更多的宾客容易参与、乐于参与。

4.文化主题活动设计的原则。文化主题活动的创意设计需要遵循饭店业行之有效的标准和专业化要求，需要赋予服务更强的体验性，以获得浓郁的情感体验价值，需要坚持全员参与，贯穿服务全过程的运作方式。因此，文化主题旅游饭店的文化主题活动创意设计的基本原则是：

（1）依据饭店文化主题展示和体验需要，形成符合文化主题基因、文化主题内涵、文化主题风格的活动方式，从而通过文化主题活动的提供，有助于文化主题旅游饭店产品体系的完善，有利于宾客对主题文化更为深刻体验的形成。

（2）文化主题活动应符合宾客文化审美的需要，具有趣味性、娱乐性、健康性、积极性。

（3）浅显易懂、喜闻乐见，方便顾客参与。

（4）安全、经济、环保、效益。

（5）以文化主题活动内容和体验方式配套，关注主题场景设置，从而在"合适的舞台，表演合适的剧目"，增强文化主题活动的体验效果。

（6）应在活动方式上，充分考虑员工的表演、引领与宾客参与的协调，强调宾客作为活动主题与主角的身份设计，员工与宾客良好互动关系建立是文化主题活动成功的重要条件。

3.6 文化主题氛围 cultural theme atmosphere

> 标准原文

依据某一文化主题（见 3.1）所营造出的饭店独特情调和气氛。

> 释义

1. 氛围是指围绕或归属于某种特定根源的、有特色的、高度个体化的情调和气氛。王国维《人间词话》中讲，"词以境界为上。有境界则自成高格""境非独谓景物也。喜怒哀乐，亦人心中之一境界故能写真景物、真感情者，谓之有境界"。可见在任何作品中，情感、情绪是最为关键的因素，是拨动心弦，形成深刻体验的重要内容。文化主题旅游饭店正是希望通过文化主题的展示，赋予饭店空间和服务独特的情感色彩，从而带给宾客美好的温暖感受。因此，独特的情调与气氛十分重要。

情调是人们情感体验的一种方式，指人情感活动表现出来的基本倾向，是指在人的情感活动中情趣和情绪所呈现出来的鲜明特质。

气氛是弥漫在空间中的能够影响人的行为过程的心理因素总和，是指特定环境中给人强烈感觉的景象或情调。

2. 文化主题氛围是指依据主题，饭店所精心设计与营造的，由有形空间与无形服务从每一个细节中所展现出的、弥漫在饭店所有区域内的独特景象与体验特质。它能够最大限度地刺激消费者的情感活动，使消费者产生独特而美好的感知，并留下深刻的记忆。

3. "筑室喻道"，中国人历来重视建筑环境氛围的影响和作用，文化主题氛围的形成在文化主题旅游饭店具有十分重要的作用，具体表现在：

（1）有助于饭店产品舒适度的提升。
（2）有利于饭店氛围整体性的形成。
（3）有助于饭店管理与服务的提供。
（4）有利于客人的感知与享受。
（5）有助于饭店经营成本的控制。
（6）有利于环境保护与可持续发展。
（7）艺术性、文化性助推品牌形成。

4. 基本要求

4.1 传承发展要求

标准原文

应深入挖掘文化主题的丰富内涵，通过体验感受，在饭店中展示中华文化的独特魅力，传承和弘扬优秀文化。

释义

1. 21世纪的竞争是文化的竞争，因此世界各国、各地区纷纷把文化发展战略提升为一种国家层面的发展战略。中华文化积淀着中华民族最深沉的精神追求，包含着中华民族最根本的精神基因，代表着中华民族独特的精神标识。因此，继承和发展中华文化提高国家文化软实力，关系我国在世界文化格局中的定位，关系我国国际地位和国际影响力，关系"两个一百年"奋斗目标和中华民族伟大复兴中国梦的实现。

2. 文化主题旅游饭店是展示中华文化独特魅力的重要载体，通过将文化资源引入饭店建设、经营管理与服务之中，在饭店产品的每一个细节体验中，消费者能够潜移默化、润物无声般深刻地感受、体验和品味到中华文化的丰富内涵和无穷魅力。

3. 文化主题旅游饭店是沟通住宿业与文化产业的有效方式。一方面在住宿业中，通过文化性创造活动的引入，可以形成更具吸引力和价值意义的服务产品；另一方面住宿业产品文化价值的提升与强化，又一定程度上补充和完善了文化产业的内涵。

因此，要求文化主题旅游饭店应传承先进文化，倡导社会正能量，塑造饭店中国服务风格和品牌。

4.2 独特创意要求

标准原文

应本着创新的精神，在饭店设计建设、经营管理与服务等环节突出文化主题，赋予产品更独特的体验价值，满足宾客多元化需求。

一、《文化主题旅游饭店基本要求与评价》释义

释义

1. 作为一种新型的创意性产业，文化主题旅游饭店应在充分了解宾客消费需求的前提下，始终秉持不断创新的原则，形成增长性思维，不懈努力，不断创新，赋能饭店组织，激活员工，转型升级，构建起新型的价值型企业模式。

2. 情怀是文化主题旅游饭店的至高境界，需要饭店借助文化主题丰富的内涵、鲜明的特色和独特的魅力提升产品价值。在新的消费环境中，价值满足需求，价值改善体系，价值创造利润。

3. 持续性创意是文化主题旅游饭店生命力之所在，应通过对文化主题内涵的深度挖掘、提炼，在有效的需求满足引导下，不断推陈出新，源源不断地开发出受宾客喜爱、乐于接受、乐于消费、乐于体验的服务产品，使饭店充满旺盛的生命力和市场竞争力。

4.3 舒适安全要求

标准原文

应遵循饭店建设、服务与管理的基本规律，满足顾客消费舒适性要求，强化安全保障，提升服务品质。

释义

文化主题旅游饭店归根结底是住宿业的一种产品形态，因此必须符合住宿业的基本规律，必须满足住宿业的基本属性规定，在坚持文化主题统领整体创新过程中，应始终遵循饭店建设、服务与管理的基本规范，突出文化主题，强化安全保障，重视产品舒适方便。品质是追求，体验是结果，其中专业化是基础，安全性是前提，舒适性是保障。

4.4 系统协调要求

标准原文

应关注饭店内外环境及硬软件建设的系统性，风格统一，整体协调，提升饭店及所在区域旅游形象。

释义

　　文化主题旅游饭店只有构建起完整、高效的系统结构，才能发挥出其强大的功能和效益，因此在文化主题旅游的系统协调性主要体现在以下几个方面：
　　（1）文化主题全店统一。
　　（2）环境氛围协调一致。
　　（3）运营系统同步同频。

5. 等级与标识

标准原文

　　文化主题旅游饭店分为金鼎级和银鼎级两个等级。金鼎级为高等级，银鼎级为普通等级。等级越高表示接待设施与服务品质越高。

释义

　　1. 鼎：盛行于中国古代商、周时期，主要用于煮盛物品，或置于宗庙作铭功记绩的礼器之首，由此"鼎"被中国古人视为通天之物。同时中国古代也将"鼎"视为立国的重器，被赋予了庄严、神圣的文化内涵，成为中华文化的标志性物件。
　　2. 金鼎级、银鼎级的区别意味着文化主题旅游饭店对文化主题挖掘、提炼、展示的程度不同，也标志着饭店功能、设施设备档次、产品舒适度与服务水平的差别。

6. 等级评定基本条件

标准原文

6.1　饭店建筑、附属设施、服务项目和运行管理在安全、消防、卫生、文物保护、环境保护等方面应符合国家相关要求。
6.2　饭店应正式开业一年以上。
6.3　客房数应不少于15间（套）。

6.4 近三年内未发生重大及重大以上安全责任事故。
6.5 经营者应定期向旅游主管部门报送统计调查资料,及时向相关部门上报突发事件等信息。

释义

文化主题旅游饭店的等级划分由两个方面的条件构成,即等级评定基本条件、等级划分条件。等级评定的基本条件重在对文化主题旅游饭店作以下要求:

1.强调饭店在安全、消防、卫生、文物保护、环境保护等方面前置审批的重要性。

2.高度重视安全管理。安全事故是指生产经营单位在生产经营活动(包括与生产经营有关的活动)中突然发生的,伤害人身安全和健康,或者损坏设备设施,或者造成经济损失的,导致原生产经营活动(包括与生产经营活动有关的活动)暂时中止或永远终止的意外事件。根据《生产安全事故报告和调查处理条例》,安全事故灾难按照其性质、严重程度、可控性和影响范围等因素,一般分为四级:Ⅰ级(特别重大)、Ⅱ级(重大)Ⅲ级(较大)和Ⅳ级(一般)。

其中重大安全事故是指造成10人以上30人以下死亡,或者50人以上100人以下重伤,或者5000万元以上1亿元以下直接经济损失的事故。

特别重大事故是指造成30人以上死亡,或者100人以上重伤,或者1亿元以上直接经济损失的事故。

凡在三年内,发生上述重大和特别重大事故的饭店不具备申报文化主题旅游饭店的资格,或应取消所获得的相应等级标识。

3.高度重视文化主题旅游饭店与旅游主管部门间的沟通联系,将定期或不定期上报经营、管理相关统计数据材料,协助、配合旅游主管部门相关工作以及主动上报饭店经营过程中的各类突发事件、信息等作为文化主题旅游饭店的基本任务和职责。

7. 等级划分条件

7.1 金鼎级

7.1.1 文化主题构建

标准原文

7.1.1.1 应有创意策划，市场分析到位，资源评价准确；文化主题阐释清晰、健康、特色鲜明，符合宾客的审美需求和消费需要。
7.1.1.2 应有发展规划，体系完整，切实可行。
7.1.1.3 应有设计建设方案，完整专业，具有可操作性。
7.1.1.4 应有组织、制度、经费、营销等系统的保障机制。

释义

在文化主题选择、主题定位、文化主题加工、提炼、升华工作中，标准条款希望引导饭店高度关注以下关键性环节：

1.市场需求是前提。文化主题的选择与定位一定要以市场需求和消费者的喜爱、接受程度为前提，不可以饭店决策者个人的好恶为标准。

2.专业性是基本要求。文化主题选择是一个由市场分析、资源评价、自身投资状况、技术水平、管理水平、投资回报关系等专业化分析、研究的过程，需要文化主题旅游饭店以科学、理性、专业的方式开展。

3.文化主题的深度挖掘与创意是基础。不能浅层化、表面化、符号化地处理文化主题元素，需要通过对文化主题内涵的深度挖掘，结合市场消费趋势和饭店战略定位，将文化主题的丰富多彩融入饭店从空间环境，到服务产品，再到企业文化、经营理念，发展远景的方方面面，促进饭店脱胎换骨，转型升级，提升综合竞争力。

4.完善规划是创建文化主题旅游饭店的前提。文化主题旅游饭店的建设是一个系统的、循序渐进的系统工程，科学的规划是事半功倍的前提，需要饭店围绕文化主题，结合自身实际，制定切实有效的近期、中期、长期发展规划和工作措施，脚踏实地地开展工作。

5.专业化设计是文化主题旅游饭店取得成功的基础。文化主题旅游饭店创建不能简单地模仿，更不是简单地复制、拼凑，需要依托专业性设计单位，对饭店建筑、空间装饰、设施设备配置、服务流程与规范、文化主题活动与商品等进行系统的专业设计，以获得效益的最大化。

6. 系统性保障机制是文化主题旅游饭店持续发展的保证。文化主题旅游饭店建设绝不仅仅是硬件改善、空间装饰的事，更不是某一部门的工作，而是需要全店齐动员，全员参与，整体系统跟进，因此构建完善、灵活、高效的机制，激活组织，激活员工是十分重要的内容。

7.1.2 文化主题氛围

标准原文

7.1.2.1 建筑外观应具有特色，内外装修符合文化主题要求，格调高雅。

7.1.2.2 文化主题旅游饭店选址应考虑周边环境资源条件。

7.1.2.3 文化主题符号应使用得当，艺术品应符合文化主题内涵要求，装饰效果良好。

7.1.2.4 应有文化主题展示或有文化主题体验博物馆、陈列室、展示区等场所。

7.1.2.5 各功能区域名称、标牌应依据文化主题特点设计，风格独特优美。

7.1.2.6 店内艺术品、灯饰、绿色植物盛器等应符合文化主题风格，装饰感强。

7.1.2.7 公共区域装饰风格应符合文化主题特点，营造浓郁体验氛围。

7.1.2.8 前厅应依据文化主题内涵精心设计，装修、装饰风格鲜明，文化氛围浓郁。

7.1.2.9 客房区域装修应依据文化主题，风格鲜明，感受舒适。

7.1.2.10 餐饮区域装修应依据文化主题，风格突出。

7.1.2.11 餐桌、餐椅、餐柜等家具应依据餐厅整体风格配置，营造出浓郁的文化氛围。

7.1.2.12 台布、口布、椅套、餐具等应符合菜式与餐厅整体风格要求。

7.1.2.13 员工服饰宜依据文化主题特点设计，符合工装基本要求，方便员工工作。

7.1.2.14 服务指南、价目表、提示卡等应依据文化主题设计，制作精美。

7.1.2.15 员工区域应有本饭店文化主题的相关宣传。

> 释义

1.著名华裔建筑设计师贝聿铭说："建筑创造了新环境，它不但是人在生理上或物理上的，而且也是人在感情上和精神上的体现。"因此，文化主题旅游饭店建设既要关注建筑外观、空间装饰、设施设备配置、艺术品与用品用具选择等显性物品的把控，也要关注对周边环境资源的有效利用、各功能区情调、风格等隐形环境的营造，才能实现文化主题旅游饭店建设从文化主题到物境（即基础设施建设），从物境到情景（即感观环境建设），从情景到场景（即文化性产品开发），最终形成意境（精神性产品提供）的完整过程。

2.饭店选址要求：饭店环境包括大环境因素（地域文化资源背景、城市旅游形象）和小环境（旅游区、文化街区、城市商业中心等条件），对新建饭店而言，倡导和鼓励在选址时充分考虑环境资源带给饭店的丰富价值，科学选址。对已建成的饭店而言，则更多要求饭店在条件允许的情况下，通过文化主题的科学定位和服务方式的创新，将周边环境资源有效地纳入饭店服务产品之中，给宾客更多的选择和更丰富的体验内容。

3.文化主题展示区域或场所的设置是文化主题旅游饭店区别于常规性饭店的一项独特的产品功能要求，对宾客理解、体验、深度感受文化主题具有重要的作用。

4.名称是符号，文化主题旅游饭店各功能区域的名称设计具有极强的专业化要求，应充分考虑宾客文化体验的渐进层次，依据文化主题的内涵，以序列化的方式命名，从而有机地形成具有内在文化逻辑关系的符号系统，增强饭店的文化氛围和体验点。

5.客房感受舒适要求文化主题旅游饭店高度关注客房这一核心产品的建设，在营造文化氛围的同时，更要关注客房各个细节符合人们起居生活的方便性。

6.菜式要求是指在菜品创新与服务设计中应依据菜式的特点，注重菜品的美观、卫生、营养、可口与取用方便。

7.1.3 文化主题产品

> 标准原文

7.1.3.1 应有展示文化主题的前厅服务。

一、《文化主题旅游饭店基本要求与评价》释义

7.1.3.2 应有自行开发的特色饮食品。
7.1.3.3 应提供文化主题导览服务。
7.1.3.4 应有类型多样的文化主题客房及依据文化主题的创意性服务。
7.1.3.5 应配置文化主题餐厅，服务程序与规范有助于文化主题展示。
7.1.3.6 应有适应文化主题特点的康体、休闲服务。
7.1.3.7 应有依据本饭店文化主题自行开发的特色菜品。
7.1.3.8 应有依据本饭店文化主题自行开发的主题宴会产品。
7.1.3.9 应有符合文化主题自行开发的特色商品服务。

释义

依据文化主题内涵，进行产品创新，在功能性之外赋予产品更深层次的文化体验价值，形成产品的趣味性、故事性、仪式感是文化主题旅游饭店文化主题产品建设的主要工作。产品的创意性开发和服务的仪式化设计涉及饭店所有区域和项目，应从前厅、客房、餐饮、康乐、商品服务等方面开展，以期形成饭店完整的创新、创意型文化主题产品体系。

7.1.4 文化主题活动

标准原文

7.1.4.1 应有展示文化主题的节庆活动。
7.1.4.2 宜有展示文化主题的演艺活动。
7.1.4.3 宜有深度体验文化主题的互动性体验活动。

释义

文化主题活动是文化主题旅游饭店的"嘉年华"，具有典礼性、仪式性、狂欢性等特点。文化主题旅游饭店应依据文化主题的文化元素和基因，强化文化主题活动的文化性、趣味性、参与性。有吸引力、有生命力的文化主题活动是文化主题旅游饭店文化主题深刻、立体展示的重要方式，是服务方式创新的重要环节，是文化主题旅游饭店将服务产品变得具有庄重性、体验性、记忆性的重要手段。

7.1.5 基本功能与服务

7.1.5.1 建筑与空间

标准原文

7.1.5.1.1 建筑物结构与空间布局应合理，流线清晰，方便宾客活动和服务提供。

7.1.5.1.2 内外装修材料应符合环保要求。

7.1.5.1.3 导向标志应清晰、实用、美观。

7.1.5.1.4 应符合 GB/T 14308-2010 中"表 A.4"7.1、7.2 和 7.3 的要求。

7.1.5.1.5 建筑外立面、辅助建筑、设施设备与外部环境应做到维护保养与清洁卫生良好。

7.1.5.1.6 应有全店覆盖的 Wi-Fi 配置及服务区域的互联网接入服务。

7.1.5.1.7 3 层以上建筑（含 3 层）应有满足需要的客用电梯。

7.1.5.1.8 应有方便特殊人群使用的设计、设施配备和相应服务。

释义

1. 建筑物结构

建筑结构是指文化主题旅游饭店依据自身功能需要，在饭店建筑造型、空间布局、内外部交通流线设计、设施设备布置等方面所体现出的科学性、功能性、合理性、艺术性与整体性，以及在此基础上饭店建筑内部各功能区域带给宾客的方便性、舒适性与易识性。

2. 空间布局

饭店是一个多功能需求的建筑物，空间布局即是对建筑物空间实施分割、连接与用途安排，其合理性体现在空间组合方式的专业性与实际使用效果的高度协调。具体表现为：

（1）各空间的规模、体量与使用功能配套。饭店建筑由人为制造的、实体围合的许多小空间组合而成，作为饭店产品生产与消费的场所，特定的用途与功能决定着各个空间的形态与尺度。内部空间的处理对消费与服务至关重要，要求空间围合形式、空间尺度和比例等满足功能的需求。

（2）各空间形成紧密连接。饭店建筑要达到"方便宾客在饭店内活动"的目的，必须形成系统、连贯的内部空间关系，要求空间位置、区域衔接、空间

一、《文化主题旅游饭店基本要求与评价》释义

转折与交叉、流线组织等应根据各个空间的功能特性，形成有机的连接关系，满足宾客活动的方便性和服务的快捷性需要。

（3）空间序列美感营造。饭店是在建筑空间中完成情感与价值交流的行业，运用空间的对比与变化、重复与再现、衔接与过渡、渗透与层次、引导与暗示等多种手法来建立一个完整、统一的空间序列，保证使用的便利性和空间展现的节奏感。

饭店空间序列的美感与情感体现在不同空间的氛围和空间组合的相互关系上，装饰上应运用高与矮的对比、长与短的对比、纵向与横向的对比、实与虚的对比、透明与不透明的对比、不同材料的质感对比等，形成多样的形式节奏和具有统一性的形式之美与情感效果。

7.1.5.2 前厅

标准原文

7.1.5.2.1 前厅面积适宜，区域划分应合理，并应设有宾客免费休息区。

7.1.5.2.2 总服务台或接待区位置应合理，应提供24h接待、问询、总账单结账、国内和国际信用卡结算、行李及物品寄存等服务。

7.1.5.2.3 应24h接受包括电话、传真或网络等渠道的客房预订。

7.1.5.2.4 应有管理人员24h在岗值班。

7.1.5.2.5 应配置男女分设、方便宾客使用的公共卫生间。

7.1.5.3 客房

7.1.5.3.1 应符合GB/T 14308-2010中"表A.4"有关客房的要求（"3.1"、"3.3"、"3.16"和"3.17"除外）。

7.1.5.3.2 应符合LB/T 007-2015中9.2.2、9.2.4、9.2.8和9.2.10的达标要求。

7.1.5.3.3 在不降低舒适度的前提下，客房用品使用应符合LB/T 007-2015的相关要求。

7.1.5.3.4 客房配置应类型多样，面积适宜，宽敞舒适。

7.1.5.3.5 客房应配置高品质的盥洗用品与电吹风，冷热水出水速度快，水温适宜，水压适当。

7.1.5.3.6 应有全店覆盖的免费WIFI配置，信号强度好，速度快。

7.1.5.3.7 客房内应有不间断电源，宜配置一键式总控开关和床头电源插座。

7.1.5.3.8 客房内提供适量的饮料，并备有饮用器具和价目单。提供免费茶叶

或咖啡。提供冷热饮用水，可应宾客要求提供冰块。

7.1.5.3.9 可应宾客要求提供可出借的熨斗与熨板。

7.1.5.4 餐饮

7.1.5.4.1 餐饮功能配置应满足消费需要。

7.1.5.4.2 各餐厅应布局合理。

7.1.5.4.3 餐具应按习惯配置，光洁、卫生，无破损磨痕。

7.1.5.4.4 厨房配置应满足需求，管理到位，干净卫生。

7.1.5.4.5 冷菜间、面点间应独立分隔，有足够的冷气设备。冷菜间内应有空气消毒设施与二次更衣场所及设施。

7.1.5.4.6 应做到粗加工间与其他操作间隔离，各操作间温度适宜，冷气供应充足。

7.1.5.4.7 应有必要的冷藏、冷冻设施，生熟食品分柜置放。应有干货仓库。

7.1.5.4.8 应设置食品留样机制。

7.1.5.4.9 应有专门放置临时垃圾的设施并保持其封闭，排污设施（地槽、抽油烟机和排风口等）保持畅通清洁。

释义

《旅游饭店星级的划分与评定》（GB/T 14308-2010）"表 A.4"的相关要求是：

（1）7.1 饭店室外环境整洁美观。

（2）7.2 饭店后台设施完备、导向清晰、维护良好。

（3）7.3 应有回车线，并有足够泊位的停车场。提供相应的服务。

（4）客房要求：

3.2 70% 客房的面积（不含卫生间和门廊）应不小于 $20m^2$。

3.4 装修高档。应有舒适的软垫床，配有写字台、衣橱及衣架、茶几、座椅或沙发、床头柜、全身镜、行李架等家具，布置合理。所有电器开关方便宾客使用。室内满铺高级地毯，或优质木地板或其他高档材料装饰。采用区域照明，且目的物照明效果良好。

3.5 客房门能自动闭合，应有门窥镜、门铃及防盗装置。客房内应在显著位置张贴应急疏散图及相关说明。

3.6 客房内应有装修良好的卫生间。有抽水恭桶、梳妆台（配备面盆、梳妆镜和必要的盥洗用品）、有浴缸或淋浴间，配有浴帘或其他有效的防溅设施。

采取有效的防滑措施。采用高档建筑材料装修地面、墙面和天花板，色调高雅柔和。采用分区照明且目的物照明效果良好。有良好的低噪音的排风设施，温湿度与客房适宜。有110V/220V不间断电源插座、电话副机。配有吹风机。24h供应冷、热水，水龙头冷热标识清晰。所有设施设备均方便宾客使用。

3.7 客房内应有饭店专用电话机，可以直接拨通或使用预付费电信卡拨打国际、国内长途电话，并备有电话使用说明和所在地主要电话指南。

3.8 应有彩色电视机，画面和音质良好。播放频道不少于16个，备有频道目录。

3.9 应有防噪音及隔音措施，效果良好。

3.10 应有内窗帘及外层遮光窗帘，遮光效果良好。

3.11 应有至少两种规格的电源插座，电源插座应有两个以上供宾客使用的插位，位置合理，并可提供插座转换器。

3.12 应有与需要相适应的文具用品。配有服务指南、住宿须知、所在地旅游资源信息和旅游交通图等。提供与住店宾客相适应的书报刊。

3.13 床上用棉织品（床单、枕芯、枕套、被芯、被套及床衬垫等）及卫生间针织用品（浴巾、浴衣、毛巾等）材质较好、柔软舒适。

3.14 客房、卫生间应每天全面清理一次，每日或应宾客要求更换床单、被套及枕套，客用品和消耗品补充齐全，并应宾客要求随时进房清理。

3.15 应提供互联网接入服务，并备有使用说明，使用方便。

3.18 应提供客衣干洗、湿洗、熨烫服务，可在24h内交还宾客，可提供加急服务。

3.19 应18h提供送餐服务。有送餐菜单和饮料单，送餐菜式品种不少于8种，饮料品种不少于4种，甜食品种不少于4种，有可挂置门外的送餐牌。

3.20 应提供留言及叫醒服务。

3.21 应提供宾客在房间会客服务，可应宾客的要求及时提供加椅和茶水服务。

3.22 房内应备有擦鞋用具，并提供擦鞋服务。

《绿色旅游饭店》（LB/T 007–2015）的相关要求是：

（1）9.2.2 客房有良好的隔噪处理，室内噪声低于35分贝。室内设备无噪声排放。

（2）9.2.4 客房提供优质饮用水；提供优质、恒温、压力适宜的盥洗用水。

（3）9.2.8 客房有室内环境质量信息，棉织品更换、物品减量使用方面的告示。提供环保读物，提升客人环保理念。

（4）9.2.10 饭店可设置自助服务区，如公共洗衣机、熨烫服务区、自助售货机等。

7.1.5.5 其他

> 标准原文

7.1.5.5.1 设施设备应维护保养良好，并确保清洁卫生。
7.1.5.5.2 应有应急照明设施和应急供电系统。
7.1.5.5.3 主要公共区域应有闭路电视监控系统。
7.1.5.5.4 应有节能减排方案并付诸实施。
7.1.5.5.5 应有突发事件处置的应急预案和应急演练年度实施计划，并定期演练。
7.1.5.5.6 应管理规范有序，员工培训到位。
7.1.5.5.7 应有健全的经营、管理制度，经营效益良好。

> 释义

对文化主题旅游饭店的设施设备维护保养，应急与安全设施，应急预案及执行情况，节能减排方案，管理制度与经营效益作出的相应规定，以更为全面地引导文化主题旅游饭店的建设和抗风险能力的提升。

7.2 银鼎级

7.2.1 文化主题构建

> 标准原文

7.2.1.1 饭店应主题定位准确，特色突出。
7.2.1.2 应有设计建设方案，完整专业，具有可操作性。
7.2.1.3 管理制度、操作流程和服务规范等应符合文化主题旅游饭店建设需要。
7.2.1.4 服务项目和产品应具有良好的体验性。

一、《文化主题旅游饭店基本要求与评价》释义

> 释义

主题定位则是指文化主题旅游饭店依据市场、资源、环境、条件等因素对文化主题所做的分析与决策，是基于消费需求对文化主题的一种规定，以给消费者一个明确的概念，从而指导自身产品设计创意，帮助消费者对饭店文化主题形成清晰的感知和深度的理解、体验，进而为饭店品牌塑造奠定坚实的基础。

主题定位是文化主题旅游饭店建设的基点和纲领，如成都西藏饭店在博大精深的藏文化资源中，经过细致的论证，将主题定位为扎西得勒（吉祥）文化。

7.2.2 文化主题氛围

> 标准原文

7.2.2.1 建筑物外观有特色，内外装修应符合文化主题风格。
7.2.2.2 宜使用文化主题符号，艺术品装饰效果良好。
7.2.2.3 应有文化主题的展示场所。
7.2.2.4 各功能区域名称、标牌宜依据文化主题特点设计。
7.2.2.5 店内艺术品、灯饰、绿色植物盛器等宜有文化主题特点，装饰效果良好。
7.2.2.6 公共区域装修装饰宜依据文化主题设计，具有特色。
7.2.2.7 前厅装修应特色鲜明，风格突出。
7.2.2.8 客房区域装修应有文化氛围，感受舒适。
7.2.2.9 餐饮区域装修应有特色，氛围良好。
7.2.2.10 餐桌、餐椅、餐柜等家具应有特色。
7.2.2.11 台布、口布、椅套、餐具等应符合餐厅整体氛围。
7.2.2.12 员工服饰宜有特色，方便员工工作。
7.2.2.13 服务指南、价目表、提示卡等宜有特色。
7.2.2.14 员工区域应有相应的文化主题宣传。

> 释义

风格是指通过作品表现出来的相对稳定、更为内在和深刻、从而更为本质地反映出时代、民族或艺术家个人的思想观念、审美理想、精神气质等内在特

性的外部印记。

风格是文化主题丰富内涵和独特形式的统一，是饭店对文化主题专业、系统、艺术性展示所形成的一种能够打动消费者，形成强烈体验感受的鲜明特质。

风格形成是文化主题饭店产品建设成熟的标志。

7.2.3 文化主题产品

> 标准原文

7.2.3.1 应提供展示文化主题的前厅服务。

7.2.3.2 应提供特色饮食品。

7.2.3.3 应提供文化主题导览服务。

7.2.3.4 应提供展示文化主题的创意性客房服务。

7.2.3.5 应提供展示文化主题的餐饮服务。

7.2.3.6 应提供展示文化主题的菜品。

7.2.3.7 应提供特色康乐服务。

7.2.3.8 可提供展示文化主题的特色商品。

7.2.4 文化主题活动

> 标准原文

7.2.4.1 开发展示文化主题的节庆活动。

7.2.4.2 可提供展示文化主题的演艺或体验活动。

> 释义

特色康乐服务是指饭店依据文化主题内涵，与主题定位相一致，开发和提供的具有良好体验感受，能够产生经济效益，与整体产品体系相适应的康体、休闲服务项目，包括温泉、恒温游泳池、游艇、骑马场、高尔夫场、滑雪场等与文化主题相关的大型休闲娱乐项目，也包括水疗、瑜伽、武术、探险、拓展、知识培训、手工制作、茶艺等有特色性康乐、休闲服务产品。

7.2.5 基本功能与服务

7.2.5.1 建筑与空间

标准原文

7.2.5.1.1 建筑物空间应布局合理，方便宾客在饭店内活动。
7.2.5.1.2 内外装修材料应符合环保要求。
7.2.5.1.3 导向标志应清晰、实用、美观。
7.2.5.1.4 建筑外立面与外部环境应做到维护保养与清洁卫生良好。
7.2.5.1.5 应有免费的 Wi-Fi 配置。
7.2.5.1.6 4层以上建筑（含4层）应有满足需要的客用电梯。
7.2.5.1.7 应有方便特殊人群的相应服务。

释义

1. 内外装修材料应符合环保要求

目前环保型装修材料主要有以下类型：

（1）环保地材。植草路面砖是各色多孔铺路产品中的一种，采用再生高密度聚乙烯制成。可减少暴雨径流，减少地表水污染，并能排走地面水。多用在公共设施中。

（2）环保墙材。新开发的一种加气混凝土砌砖，可用木工工具切割成型，用一层薄沙浆砌筑，表面用特殊拉毛浆粉面，具有阻热蓄能效果。

（3）环保墙饰。草墙纸麻墙纸、纱绸墙布等产品，具有保湿、驱虫、保健等多种功能。防霉墙纸经过化学处理，排除了墙纸在空气潮湿或室内外温差大时出现的发霉、发泡等现象，而且表面柔和，透气性好。

（4）环保管材。塑料金属复合管是替代金属管材的高科技产品，其内外两层均为高密度聚乙烯材料，中间为铝，兼有塑料与金属的优良性能，而且不生锈，无污染。

（5）环保漆料。生物乳胶漆，除施工简便外还有多种颜色，能带来缤纷色彩。涂刷后会散发阵阵清香，还可以重刷或用清洁剂进行处理，能抑制墙体内的霉菌。

（6）环保照明。一种以节约电能、保护环境为目的的照明系统。通过科学的照明设计，利用高效、安全、优质的照明电器产品，创造出一个舒适、经济、有益的照明环境。

2. 特殊人群

根据我国 2017 年 3 月 1 日施行的公共文化服务保障法的第一章总则的第九条提及"各级人民政府应当根据未成年人、老年人、残疾人和流动人口等群体的特点与需求，提供相应的公共文化服务"可知，特殊人群的定义是：未成年人、老年人、残疾人和流动人口。而饭店特殊人群主要指未成年人、老年人、残障宾客等。

7.2.5.2 前厅

标准原文

7.2.5.2.1 前厅应面积适宜，区域划分合理，设有宾客免费休息区。

7.2.5.2.2 总服务台或接待区应位置合理，应提供18h 接待、问询、总账单结账、国内和国际信用卡结算、行李、物品寄存等服务。

7.2.5.2.3 应 24h 接受包括电话、传真或网络等渠道的客房预订。

7.2.5.2.4 应有管理人员 24h 在岗值班。

7.2.5.2.5 应有男女分设的公共卫生间。

释义

前厅是饭店文化展示窗口，前厅的设计风格为整个饭店确定基调。成功的前厅设计必须做到感观印象和实际功能的有机结合。文化主题旅游饭店前厅设计应本着以下基本原则：

1. 面积适应需要，相应功能配置到位，不盲目追求高大上。

2. 功能划分合理。前厅区域由流动空间和停滞空间组成。流动空间是客人通往饭店各功能区域的通道和空间位置，设计时应注意减少障碍，保持通畅，强化导向功能。停滞空间由总服务台、大堂副理台及客人休息区组成，设计时应注意处于显著位置，规避流线，留下足够的活动面积。

3. 整体风格符合文化主题特点要求。

7.2.5.3 客房

标准原文

7.2.5.3.1 应符合 GB/T 14308-2010 中 "表 A.3" 的要求。

7.2.5.3.2 符合 LB/T 007-2015 中 9.2.2、9.2.4、9.2.8 和 9.2.10 的相关要求。

7.2.5.3.3 在不降低舒适度的前提下，客房用品使用符合 LB/T 007-2015 标准的相关要求。

7.2.5.3.4 客房配置应类型多样，面积适宜。

7.2.5.3.5 客房应有质量良好的盥洗用品，冷热水应出水速度快，水温适宜，水压适当。

7.2.5.3.6 应有全店覆盖的 Wi-Fi 配置，信号强度好，速度快。

7.2.5.3.7 客房内应有不间断电源，宜配置一键式总控开关和床头电源插座。

7.2.5.3.8 客房内应提供免费茶叶或咖啡。提供冷热饮用水。

7.2.5.3.9 可应宾客要求提供可出借的熨斗和熨板。

释义

《绿色旅游饭店》（LB/T 007-2015）关于客房物品规定：

"7.3.1 饭店客房用棉织品应在满足客人要求的前提下，减少更换和洗涤次数。

7.3.2 饭店应减少客房内一次性消耗品的使用。

7.3.3 饭店应积极采用生态、环保型材料制作的客房物品。"

7.2.5.4 其他

标准原文

7.2.5.4.1 厨房应有严格的管理制度，食品安全管理到位，清洁卫生良好。

7.2.5.4.2 设施设备应维护保养良好，并确保清洁卫生。

7.2.5.4.3 应有应急照明设施。

7.2.5.4.4 主要公共区域应有闭路电视监控系统。

7.2.5.4.5 应有节能减排方案并付诸实施。

7.2.5.4.6 应有突发事件处置的应急预案和应急演练年度实施计划，并定期演练。

7.2.5.4.7 应管理规范有序，员工培训到位。

7.2.5.4.8 应有健全的经营、管理制度，效益良好。

> 释义

1. 厨房

厨房是菜品的生产场所，是餐厅的主要配套项目。饭店应根据餐饮经营内容、餐厅规模与功能等要素合理配设不同类型的厨房。厨房设计建设中应注意：

（1）应合理布置生产流线，形成进货、粗加工、切配、烹饪、传菜、收残的循环体系，避免各功能区间的相互交叉。

（2）传菜与收残口应分离，洗碗间紧靠收残口；干湿应分离，做到糕点房、备餐间与洗碗间、粗加工间分隔；清浊应分离，做到洗碗间、粗加工间与其他区域分隔；冷热应分离，做到凉菜间、冻库与其他区域分隔；凉菜间独立分隔，具有充足的冷气，配有消毒设备。

（3）顶面、墙面有防尘处理。地面有干燥、清洁、防滑功能，排水沟畅通。地沟深度不小于200mm，宽380mm，有坡度。地漏直径不小于150mm，径流距离不超过10m。地沟应设置良好的防鼠网。

（4）餐具清洗、保洁好。

（5）二次更衣场所有效，有食品留样机制，冰柜管理到位，垃圾桶加盖，二级库房有制度。

（6）有燃气报警装置、喷淋装置、烟感装置和灭火毯。

2. 应急照明设施

根据《建筑照明设计标准》（GB 50034-2004）的规定，应急照明包括备用照明、安全照明和疏散照明三种类型。

饭店备用照明是指当正常照明因故障熄灭后，为保证饭店经营而设置的必要照明或在发生火灾时为保证消防工作正常进行而设置的照明。

饭店安全照明是指在正常照明发生故障时，为确保饭店关键区域及人员安全而设置的照明。

饭店疏散照明是指当正常照明因故障熄灭后，为避免意外事故的发生，对饭店人员进行及时安全疏散，在饭店所有出口、通道等处设置的指示出口位置及方向的疏散标志灯及疏散通道照明。

应急照明的照度标准值应符合下列规定：

（1）备用照明的照度值除另有规定外，不低于该场所一般照明照度值的

10%；

（2）安全照明的照度值不低于该场所一般照明照度值的5%；

（3）疏散通道的疏散照明的照度值不低于0.5Lx。

应急照明为正常照明电源故障时使用，因此除正常照明电源外，应有独立的电源供电，可以选用以下几种方式的电源：①分别接自两个区域变电所（站），或接自同一变电所（站）的不同变压器引出的馈电线；②专用的应急发电机组；③蓄电池组，包括集中或分区集中设置的、或灯具自带的蓄电池组；④上述两种方式中，两种至三种电源的组合。

在正常电源断电后，饭店的疏散照明和备用照明应保证在15秒内切换，安全照明应保证在0.5秒内切换。

按《建筑设计防火规范》（GBJ16-87，2001年版）和《高层民用建筑设计防火规范》（GB 50045-95）规定，疏散照明的应急持续工作时间不应少于20分钟，高度超过100m的高层建筑不应少于30分钟。安全照明和备用照明的持续时间工作不少于20分钟。

对于未配备自备发电设施的饭店，在驻留空间、流动空间等区域建议配置适量的、自带蓄电功能的应急照明灯具；对于已配备自备发电设施的饭店，在驻留空间建议配置少量的、自带蓄电功能的应急照明。

3. 闭路电视监控系统

闭路电视监控系统是饭店安全管理与控制的重要手段。闭路电视监控系统是由摄像、传输、控制、图像处理与显示四个部分组成。

饭店公共区域包括饭店主入口、前后广场、停车场、花园、庭院及周边环境、饭店屋顶平台、前厅、总服务台、贵重物品保险室、行李房、店内所有收银处、饭店重要设施（如计算机房、库房、财务室、档案室等）、客房廊道、餐厅、电梯间、电梯轿厢内等。

监控中心应设在相对隐秘安全区域内，并应采取防潮、防雷及温控措施。监控中心可与消防控制中心共用同一空间。

摄像点的布置直接影响整个系统的功能，应减少盲区。室内公共区域摄像头的安装高度应大于2m，室外区域应大于3.5m，在电梯轿厢内应置于顶部，与电梯操作面板形成对角，摄像视角应与电梯两壁及天花板成45°角，不留盲区，不逆光。摄像点的布置应充分尊重宾客的隐私，饭店所有监控点均应设有明晰的提示牌。

饭店监控资料涉及宾客的隐私，是饭店经营安全的重要数据，应专人管理，建立严格的存储、拷贝、取阅、保密等管理制度。资料留存时间应符合所在地公安部门的相应规定。

4. 饭店节能减排方案

节能减排是饭店的社会责任，是饭店树立良好形象的重要举措。饭店应在不降低对客服务质量、舒适度以及保证员工良好工作环境的前提下，制订切合实际的计划和方案，按照减量化、再循环、再使用、替代的"4R"原则，通过强化经营管理，实施技术改造，倡导绿色消费等方式，减少废弃物排放，确保节能减排工作落实到位。

（1）提出饭店绿色环保的理念和主题口号，加强宣传教育和培训工作，树立员工绿色环保服务理念。

（2）制订设备改造与更新计划。

（3）制订全员参与的节能减排工作方案，强化维护保养，提高设施设备的能源效率，并提倡和鼓励员工的小革新、小改造。

（4）建立系统的设施设备分类台账，全面掌握设施设备的性能、运行和能耗情况。

（5）建立系统完整的能耗比较分析制度，实施科学合理的节能减排行动。

（6）建立饭店各部门能耗定额考核及奖惩制度。

（7）实施宾客绿色消费奖励计划。

5. 突发事件应急预案

饭店突发事件是饭店危机的一种表现形态，具有突发性、破坏性、紧迫性、双重性的特点，因此饭店突发性事件的处置应坚持"科学预防，快速处置，总结提高"的原则，制定完善的应急预案。

（1）内容完整。饭店依照火灾、自然灾害、建筑物和设备设施突发故障、食品卫生、社会治安等各类突发事件的不同性质，分别制订了具有针对性的应急处置预案。

（2）机构健全，分工明确。饭店应组成突发事件应急管理指挥机构，总经理是第一责任人，并有效规定所有成员的职责。应强化各部门及各岗位应对突发事件的责任制度，做好物资准备工作，保证设施设备的有效性，确保饭店突发事件应急处置的各项规定能得到切实实行。

员工熟悉本岗位的突发事件预防与应急救援职责，掌握相关的应急处置与救援知识，按规定采取预防措施，进行各项操作。

（3）程序合理。根据突发事件的性质和可能造成的危害，及时启动应急预案。在突发事件处置过程中，应坚持宾客和员工安全至上的原则，迅速控制危险源，标明危险区域，封锁危险场所，划定警戒区，控制事态的发展与扩大。事后，应实施应急沟通计划和公共关系处理流程。

（4）演练实施。根据预案，饭店有年度演练实施计划，且以不低于每年一次的频率进行定期演练，并有一定完整的记录。

6. 经营、管理制度

饭店规章制度、操作程序与服务规范是饭店经营、管理与服务的基本法典。规章制度是指饭店制定的对所有员工的要求；操作程序是指饭店对工作流程的规定；服务规范是指对员工服务操作动作的要求。三者合一统称为饭店的管理制度。

饭店应结合行业运营规律和发展趋势，立足饭店自身客源市场定位和实际需要，依据文化主题，按照文化主题旅游饭店发展规划的相应要求，科学、完整、实效、可操作性为原则构建饭店管理制度。

在制度建设中应关注以下环节的落实情况：

（1）管理制度与文化主题深度开发的契合程度。

（2）饭店管理制度与规范文本的完备程度。

（3）制度文本与现场实际运行情况的吻合程度。

（4）饭店组织员工学习和掌握管理制度相关内容的程度。

二、表A 文化主题旅游饭店必备项目检查表释义

1. 必备项目有关创意策划与主题定位的要求

金鼎级：有前期的创意策划，市场分析到位，资源评价准确，文化主题提炼、阐释清晰、健康、特色鲜明，符合宾客的审美需求和消费需要

银鼎级：主题定位准确，特色突出

释义

1. 程朱理学的代表人物程颐在《周易程氏传》中说，"物有饰而后能亨，故曰'无本不立，无文不行'，有实而加饰，则可以亨矣"。即是说，任何事物必须加以必要的装饰之后，才能亨通无阻。而没有中心或主题，一切装饰则没有根基，无法发挥作用。因此"主题之道"是中华文化的叙述和表意方式。

2. 前期的创意策划和主题定位是文化主题旅游饭店建设的起点和基础，应在充分考虑以下因素的前提下，明确饭店的建设方向：

（1）市场因素。市场需求是创意策划和主题定位的前提。通常，饭店市场的形成必须具备三个基本条件：一是有某种需求的人，二是有为满足这种需求的购买力，三是有满足这种需求的愿望。市场定位的目的在于根据这些条件，确定目标客源市场，即解决饭店产品卖给谁的问题。而文化主题旅游饭店的市场分析要求一般饭店有更进一步的内容，即在目标客源市场确定之后，还必须进一步深层次地分析目标客户的文化需求与审美爱好，了解目标客源的文化消费特征，从而为文化主题的选择、加工、提炼找到相对客观的标准，使文化主题的开发更有针对性和适应性。

（2）资源因素。资源是文化主题旅游饭店创意策划和主题定位的基础，是指可供饭店利用和开发的各种自然、人文、社会的基本素材，资源的丰富程度、品位高低、与饭店市场的吻合程度、对饭店综合效益的支撑作用决定着文化主题旅游饭店主题选择的空间大小和难易程度，制约着文化主题旅游饭店产品开发与品牌建设的宽度、广度和深度。

（3）经济因素。经济因素包括区域经济发展水平，饭店投资能力，饭店建设成本等因素。区域经济发展水平影响着客源市场规模的大小。投资能力制约着文化主题开发深度和饭店整体主题化程度的高低。区域的物流、信息流决定了文化主题旅游饭店建设成本的大小。因此，要充分考虑经济因素，文化主题才有可操作性、可实现性。

（4）社会因素。饭店发展很大程度上受社会环境的影响，因此，创意策划和主题定位与饭店所在区域社会、经济发展目标相适应是文化主题旅游饭店取得成功的重要保障。因此，在创意策划和主题定位过程中，既要关注现实的社会环境因素，更需关注区域未来的发展规划，才能与区域发展同步，文化主题才有生命力。

（5）经营因素。文化主题定位是一项创意性工作，因此饭店决策者的能力水平，文化主题决策团队的结构与创意能力，饭店日常经营管理团队的创新意识与能力，饭店员工队伍的专业化程度都对文化主题选择与定位产生巨大的影响。

2. 必备项目关于发展规划书的要求

金鼎级：有企业中长期发展规划，体系完整，切实可行
银鼎级：不要求

释义

1. 为人民群众创造幸福美好的生活是住宿业发展的主要任务，为此需要全行业摒弃急功近利的发展思维，以长远而科学的发展方式，循序渐进，致力于饭店中国服务与中国品牌的建设。需要全行业开拓创新，以愚公移山的精神，不断提升全行业整体综合实力。因此，要求金鼎级文化主题旅游饭店在主题化过程中，除了确定短期建设任务外，还需要形成中长期的发展规划，统领饭店的长远发展。制定中长期发展规划的作用是：

（1）制定发展规划是饭店主题化发展目标明晰、合理、规划、分解、实施的组织行为。长远的、具有前瞻性和可操作性的发展战略规划，能够对企业的发展起到很好的指导性作，可以将饭店目标与每个阶段具体的工作紧密结合，帮助饭店科学的认识环境变化，并适时地调整经营方针和策略。

（2）一个有中长远发展战略规划的企业是充满生命力和竞争力的企业，发

展规划能够以一种无形的力量将各方面资源整合，提升企业聚集力，使整个团队呈现出良好的协作氛围，更有效率地完成使命。

（3）中长远发展规划能够帮助饭店更好地处理短期效益与长期效益之间的关系，使饭店形成更为有效的系统，强化经营管理弹性，做到轻重缓急，张弛有道，从而形成更高的效率和效益。

2.文化主题旅游饭店中长期发展规划书应包括以下基本内容：

（1）饭店主题化建设的基本条件分析。

（2）主题化建设的指导思想。

（3）短期、中期、长期的发展目标。

（4）主题化建设需要遵循的基本原则。

（5）各个阶段的主要任务。

（6）主题化建设的各种保障措施。

（7）近期的主要工作。

3.必备项目关于设计方案的要求

金鼎级：有设计建设方案，完整专业，具有可操作性
银鼎级：有设计建设方案，完整专业，具有可操作性

释义

1.创建文化主题旅游饭店是一项对专业性、整体性、文化性、艺术性要求极高的创意性工程，专业而富有差异化特色的设计是文化主题旅游饭店创建成功的前提和保证，金鼎级、银鼎级文化主题旅游饭店都应有完整专业、具有操作性的设计建设方案。

2.设计建设方案应充分考虑饭店所在区域城市精神、社会经济、旅游业与住宿业发展水平，依据饭店实际情况，在挖掘、深化、展示文化主题的基础上，以氛围营造、产品创新、服务升级、体验丰富为主要任务，从而实现产品提档，服务升级，综合收益提升。

3.设计建设方案应聘请具有相应领域设计资质的专业公司完成。

4.设计建设方案主要内容有：

（1）建筑设计方案。

（2）装修设计方案。

（3）艺术品设计方案。
（4）标识系统设计方案。
（5）文印品设计方案。
（6）员工服装设计方案。
（7）服务语言、动作规范设计方案。

4. 必备项目关于保障机制的要求

金鼎级：有组织、制度、经费、营销等系统的保障机制
银鼎级：管理制度、操作流程和服务规范等符合文化主题旅游饭店发展需要

> 释义

创建文化主题旅游饭店的过程实际是饭店组织转型、意识提升、战略调整、生产方式革命、流程再造、产品迭代、服务升级的过程，而且这一过程随着文化主题的深度开发，应该坚持持续性的开展，以适应变化，维系文化主题旅游饭店的竞争能力。因此，涉及组织、制度、经费、营销、人力资源等文化主题旅游饭店应有相应的调整和变化，从而构建起一套更为高效、灵活、赋予创造力的保障体系。

金鼎级文化主题旅游饭店应有较全面而完整的机制变革设计和举措。

银鼎级文化主题旅游饭店应依据文化主题产品的开发，着重对管理制度、操作流程和服务规范作出调整和创新。

5. 必备项目关于建筑外观与装修的要求

金鼎级：建筑外观具有特色，内外装修符合文化主题要求，格调高雅
银鼎级：建筑物内外装修符合文化主题风格

> 释义

1. 建筑外观的基本要求

建筑是一种符号，是人们对建筑形成第一印象的关键点。建筑外观包括造型、体量、立面、色彩、细部等要素，通过建筑设计手法予以表达，由此形成

一个饭店的建筑性格，展示不同的艺术形象和气氛，给人以不同的感受。

在一个地区或城市，优秀的建筑通常是标志性建筑物，以其独特的外观成为当地一道亮丽的风景线。在消费者感知系统中，建筑外观作为最为直观的、最先出现的实体，体现了建筑的尊严、文化内涵和个性特质，应该满足以下基本要求：

（1）饭店建筑造型设计必须首先考虑顾客消费对形态与空间的需求。建筑造型不能脱离建筑空间，建筑空间必须依赖空间的整体布局，而整体布局应与整个饭店的运作协调。因此，饭店建筑应从功能布局、空间构成出发考虑造型与外观设计。既是说，形式服从结构，结构服从功能，功能服从需求。

（2）文化主题旅游饭店是一种以销售物质性与文化性产品，更多以文化性产品为特质的企业，建筑外观的艺术性、思想性成为产品质量的重要组成要素，也是顾客美好感受的主要形成物，因此展现文化主题内涵，表现独特风格，营造浓郁艺术氛围是文化主题旅游饭店建筑外观的功能需要。

（3）饭店建筑外观不能脱离环境而存在，饭店需要依托环境，通过艺术的表现形式，与环境协调共生，产生独特而和谐的整体美感。"既雕既琢、复归于朴"是文化主题旅游饭店建筑造型应达到的至高境界。

（4）作为商业建筑，新颖独特、形象鲜明、个性充分的建筑外观本身就是吸引客人的广告标志，有利于饭店出租率的提升和公共活动项目利用率的提高。科学的规划和设计是文化主题旅游饭店获得理想回报的前提和基础。

2. 建筑外观特色

饭店建筑外观特色是饭店建筑性格的特质与品位的体现，文化主题旅游饭店的建筑外观除满足一般性饭店的建筑外观要求之外，还必须和文化主题整体展示的需要相结合，以鲜明的特色带给人良好深刻的视觉感知和审美感受，应该具有以下特点：

（1）独特性：建筑的艺术美使人一目了然，有鲜明的特点。

（2）统一性：建筑的性格特点贯穿建筑整体和每个局部。

（3）识别性：建筑的艺术风格符合人们对饭店的认知常识，具有熟悉感、亲切感和认同感。

3. 外观设计与内外装修要求

文化主题旅游饭店建筑外观特色和内外装修有更严格的要求，即建筑外观的表现形态和装修风格在符合饭店建筑物设计常规的前提下，应与饭店文化主题风格定位一致，通过历史的、地域的、艺术的各种文化元素的运用，赋予建筑深刻的文化内涵，适应人们审美意识的发展与变化需求，具体要求有：

（1）建筑符号与人们约定俗成的"文化主题信息"吻合，和谐、时尚、瞩目、鲜明。

（2）建筑物外观与内部结构紧密结合，体现设计的专业性，符合饭店营运规律，方便宾客识别和消费。

（3）外墙装饰采用适宜的装饰材料，色调与格调统一。

（4）内部装饰材质与工艺符合文化主题的风格要求，体现出良好的空间品质。

（5）有专业的采光和照明设计，形成良好的视觉感受和功能性。

6.必备项目关于环境资源的要求

金鼎级：充分考虑周边环境资源条件，有利于经营和市场拓展
银鼎级：无

释义

1.资源是指一切可被人类开发和利用的物质、能量和信息的总称，它广泛地存在于自然界和人类社会中，是一种自然存在物或能够给人类带来财富的财富。分为自然资源和社会资源两大类。

2.法国社会学家皮埃尔·布迪厄首先提出"文化资本"的概念，他认为：文化产业实质是文化资源的产业化，即将资源通过产业化的形式，转变为商品，从而使资源的价值外显，形成资本的表征。文化主题旅游饭店实际上是一种文化产业与住宿业界交叉结合的"亚文化产业"，因此在文化主题旅游饭店建设中必须高度重视对周边所有环境资源的利用，通过科学的创意开发，将可利用资源的内在价值转化为能够丰富饭店服务，提升消费者体验感受的产品，在市场交换中实现资本价值，进而有利于饭店经营空间和市场拓展。

3.饭店周边资源是一个宽泛的概念，包括商务中心、购物中心、餐饮集中街区、景点、博物馆、公园等，即是说凡有利于宾客消费体验，有利于饭店产品创新，有利于经营效益提升，有利于品牌建设的所有资源、条件皆可以，也应该有效地加以利用，以强化饭店与区域的融合，增强饭店产品多样化特色与服务的辐射半径。而周边资源转化为资本，显现价值的关键是加工、提炼、转化为饭店服务项目和产品，并与店内产品结合，共同构建起一个更为丰富和完

整的产品体系。

7. 必备项目关于艺术品的要求

金鼎级：文化主题符号使用得当，艺术品符合文化主题内涵要求，装饰效果良好

银鼎级：有文化主题符号，艺术品装饰效果良好

释义

在文化主题旅游饭店中，艺术品关系到饭店空间的情节化构成，是宾客视觉与情感体验需求满足的重要环节，是文化主题艺术化展示的重要内容。

1. 艺术品的功能

所谓艺术品是指依据文化主题，通过所塑造的形象反映社会生活、社会意识形态的一种作品。它是一种载体，通过其含有美学情趣和美的价值的活动与产物，反映了人类社会历史、宗教、信仰、生产力水平、道德、理想、审美、科技、制作工艺、兴趣等方面的变迁和发展，它是人类社会演变的一个缩影。

一般来说，艺术品具有体验消费功能、实用消费功能和符号消费功能三个特性，而其中艺术品强调环境艺术的符号功能和营造美好感觉的体验功能作用尤其突出。"艺术品作为环境设计最亲昵的姊妹艺术"，是环境设计的"空间媒介"，尽管有着自己特定的创作方法和审美原则，但一定要受制于整个环境空间的形态学要求，也就是说，要服从、服务于环境空间的整体功能与风格要求。在空间氛围营造中，艺术品的作用表现为：

（1）是空间功能机制的一环，并具有独立的欣赏价值。

（2）是特定场所的视觉焦点，有标志性、识别性或者能够牵动人们纪念性情绪或宗教信仰。

（3）有利于特定场所的空间分隔与功能的更好发挥。

饭店艺术品是由各种材质的装饰性雕塑、摆件、挂画、壁饰、花器等组合而成的符号系统。在饭店空间整体装饰中有渲染气氛、创造意境、提升氛围、营造情节的作用。在饭店空间氛围营造中，可以说艺术品是一种状态，一种语言，是活的艺术，是将饭店文化主题与服务情感融入饭店环境空间，与视觉感观组合一体的一种整体思维模式。

2. 艺术品的类型

文化主题旅游饭店的艺术品系统包括中心艺术品、大型墙饰艺术品、小型挂件艺术品、陈设艺术品和标识标牌等几种类型。

3. 艺术品的设计原则

艺术品设计创作的前提是协助构成完整的空间形态，实现物与物、人与物、人与建筑和自然环境之间的良好对话，因此应遵循以下基本原则：

（1）文化性：艺术品设计是创意性工作，应依据文化主题，从文化资源、历史传统中提炼出能够展现饭店独特魅力的符号和元素作为设计的基础，并依据设计理念与宾客审美需要，创意性地完成设计。

（2）艺术性：艺术品不一定采用高档的材质，不一定一味追求设计的高深，但形制优美、风格地道、栩栩如生是基本要求，作为饭店的文化情感符号，艺术品需要能够引起宾客关注，激发宾客的情感共鸣。

（3）特色性：艺术品在反映设计思想，展示饭店服务文化和服务特色具有很高的创意性要求，不能一味模仿，更不能随意采用，艺术品无论内容、造型，还是材质、工艺应具有独特性和唯一性。

（4）整体性：艺术品应符合饭店整体风格的内在逻辑和文化渊源，能够准确表达统一的设计思想，与空间装饰风格协调一致，以形成饭店统一的文化主题氛围。

8. 必备项目关于文化主题展示场所的规定

金鼎级：有文化主题展示或体验的博物馆、陈列室、展示区等场所

银鼎级：有文化主题相关内容的展示场所

释义

文化主题旅游饭店的文化体验是宾客消费的主要产品形态，如何在饭店空间和服务环节中，将隐形的文化主题内涵以显性的方式予以呈现，引导宾客消费体验是产品设计、建设很重要的环节，因此设置文化主题展示区域是文化主题旅游饭店较之一般性饭店的独特功能配置要求。

博物馆是指文化主题旅游饭店为了系统、深入展示文化主题，按照博物馆布展方式所形成的征集、典藏、陈列和研究代表文化主题实物的场所。

陈列室是指文化主题旅游饭店依据文化主题，陈列、展览各类与文化主题

相关实物、图片、资料等的专设房间。

展示区则是指文化主题旅游饭店利用饭店公共空间，在不影响经营和宾客活动的前提下布置的展示文化主题相关实物、图片、资料的空间区域。

9. 必备项目关于标牌的要求

金鼎级：各功能区域名称、标牌依据文化主题元素设计，风格独特优美

银鼎级：各功能区域名称、标牌有设计，有特色

> 释义

1. 标识与标牌

所谓标识，就是"记号""符号""信号"等，就是将想要传达的信息采用记号来标示和传输的一种方式和方法。饭店由各个不同功能服务区组合而成，是一个复杂的空间环境，为了方便顾客在饭店内的活动，达成快速、准确、高效的服务，饭店就需要建立科学、合理的标识系统，以引导顾客实现消费。

标牌是标识的载体，是标识系统的物质体现。饭店标牌涉及到宾客店内活动的方便性，是饭店产品舒适度建设的重要环节；饭店标牌更承载着饭店对客服务的精神与述求，是饭店艺术品的一种重要类型。

2. 标牌的设计原则

成功的标牌设计必须考虑版面设计、器具形式、设置位置三要素。

（1）版面设计：包括对标识的信息内容、文字、图标及符号、象征色、图表类、色彩、排版、表示方式等内容进行综合考虑，按照视觉和美学规律予以统一策划和设计。其中，信息内容是最重要的环节。文字的字体、大小、底色、文字颜色、图标等应根据风格和观看距离确定。

（2）器具形式：由于标识的功能与使用地点不同，标牌的造型也有所不同，如饭店中常用的标牌器具形式通常分为：悬吊型、突出型、墙挂型、自立型。选择标识器具形式时应考虑与建筑空间的整合性，与装修材料的一致性，与周边环境的协调性，以及作为标识的醒目性、安全性、装饰性等因素。而在文化主题旅游饭店还应考虑标牌的器物形式与文化主题的关系，应该根据饭店文化主题展示的需要，与饭店整体风格一致，突出艺术特色，使之成为饭店内爽心悦目的艺术装置。这涉及标牌的用材、造型、制作工艺、点缀性修饰、色彩等多个环节，因此标牌的形制、材质、工艺与文化主题风格相结合是标牌器

物形式设计中需要高度关注的重要环节。

（3）设置位置：只有让使用者看见，标识才具有功能和作用，因此标牌在饭店的设置位置十分重要。首先，需要考虑标牌位置与宾客活动时视野的关系，按照生理学的相关研究，人的视野通常在"向上55°，向下约70°，左右各94°。"的范围内，而标牌作为需要引起人们高度关注的设施应控制在3°视野内，最多不超过20°～40°的视野范围内。其次，应没有遮挡物和视线障碍。最后，应高度重视与重点照明光源的结合，以形成良好的视觉提醒。

10. 必备项目关于装修风格的要求

金鼎级：公共区域有浓郁文化主题氛围
    前厅依据文化主题内涵精心设计，装修装饰风格鲜明，文化氛围浓郁
    客房区域装修依据文化主题，风格鲜明，感受舒适
    餐饮区域装修依据文化主题，风格突出
银鼎级：公共区域装修、装饰依据文化主题设计，具有特色
    前厅特色鲜明，风格突出
    客房区域有文化氛围，感受舒适
    餐饮区域装修、装饰协调，有文化氛围

释义

1. 饭店装修的重要性

饭店室内空间是由空间界面围合而成的，主要指墙面、各种隔断、地面和顶棚。它们各自具有独特的功能和结构特点，共同构成了室内空间中的"视野屏障"。美丽的装饰不一定创造美丽的空间效果；同样，令人满意的空间，如果未辅以对空间界面恰当的处理，也不足以创造美观的空间效果。因此，空间界面的装修对室内空间整体气氛的形成有重要影响，应当悉心考虑如何有效地发挥各个界面本身所独具的视觉感受因素，包括肌理、色彩、轻重、明暗、虚实等因素，以空间的整体性来确定空间界面的装饰材料与装饰做法。

2. 饭店装修风格

饭店装修风格是指通过装修、装饰所形成的一种能够满足宾客视觉和心理体验舒适感受的完整气氛和情调。主要包括以下内容：

（1）点、线、面等空间构成要素组合得当，空间比例协调，均衡稳定，符合功能需要。

（2）装饰图案设计充分考虑文化主题风格、特点和需要，在空间中大小、形状协调，中心突出，有良好的视觉感受。

（3）装饰材料的纹理、线条走向、色彩、质地等与空间功能吻合，具有文化性。

（4）色彩搭配协调，色调统一。

（5）配套灯光柔和，兼具照明与装饰功能。

（6）艺术品主题突出，营造出浓郁气氛。

3. 装饰装修的原则

（1）与室内空间功能相适应。

（2）适合建筑装饰的不同部位要求。

（3）有利于文化主题展示，有助于创新性服务产品和服务方式的体验。

（4）时尚、美观，对文化主题的表现和展示有观赏性、体验点。

4. 装修材料的选择

装修装饰材料应有助于文化主题旅游饭店整体氛围的营造和表现，有利于创新性文化服务产品的演绎，因此其材料的选择应注意：美观性、耐用性、耐燃性、无毒性、方便性、保温性、隔声性、经济性。

11. 必备项目关于餐厅用品的要求

金鼎级：餐厅家具、台布、口布、椅套、餐具等依据餐厅整体风格配置，符合菜式要求，营造出浓郁的文化氛围。

银鼎级：家具、台布、口布、椅套、餐具等符合餐厅整体氛围。

释义

1. 家具、台布、口布、椅套、餐具等是餐厅主要的配备物品，也是文化主题旅游饭店餐厅中展示文化主题，创新产品，增强餐饮趣味性、体验性的重要的表现物品。因此，应依据文化主题的相关要求，并按照不同菜式的要求，在餐厅氛围营造中予以足够重视和精心设计。

2. 民以食为天，遵循菜式要求是对传统、习惯和礼仪的膜拜和尊敬。菜式要求包括历史形成的各菜系的特殊规定；人们不同食物的就餐习惯；器物的功能属性和被赋予的文化属性；器物的审美意识；食物装饰的美学原理；餐饮礼仪等。

3. 餐厅用品的主题化创意应高度重视以下环节

（1）与饭店文化主题定位高度一致，从不同细节渲染文化主题。
（2）与餐厅整体风格协调，能够进一步烘托气氛。
（3）与食物类型搭配得当，增进食物的观赏性和吸引力。
（4）符合人体工程学要求，使用方便舒适。
（5）美观、时尚、富有趣味。
（6）方便服务，易于清洁、收藏。

12. 必备项目关于员工服饰的要求

金鼎级：员工服饰宜依据文化主题特色设计，符合工装基本要求，方便员工工作

银鼎级：员工服饰有特色，方便员工工作

释义

1. 员工服饰的含义

汉代应劭在《风俗通·正失·叶令祠》中写道："乔曰：天帝独欲召我！沐浴服饰，寝其中，盖便立覆。"在此，"服饰"的含义为穿衣配饰，既包含衣服，也包含装饰。时至今日，人们将装饰人体的物品总称为服饰同样指衣着和饰品两个部分，不仅具有功能性属性，更兼具装饰属性。因此，饭店员工服饰的含义应在员工制服的基础上延伸，不再仅仅是一种劳动装备，更是展示饭店整体形象，传递服务理念，创造艺术美感，获得大众青睐的重要媒介。

作为流动性的元素，服饰在塑造饭店形象中起着非常重要的作用，文化主题饭店的员工服饰是指饭店依据文化主题风格，按照经营服务需要，科学设计、艺术处理所展现出来的、符合消费者审美品位的衣着和饰品，其作用在于展示饭店文化主题，塑造美好的员工形象，增进饭店亲切、友好、和谐的交流氛围。

2. 员工服饰的设计思路

饭店员工服饰是饭店展示文化元素的重要载体，更是饭店的一种标志物，工装的质地、式样、颜色、纹样、配件以及饰品具有多种功能与含义，因此文

化主题旅游饭店员工服饰设计，总体上应符合合身、合意、合时、合礼的基本要求，其设计思路是：

（1）强调文化主题性。文化主题旅游饭店是销售文化体验感受的一种住宿业态，因此员工服饰应从文化主题中提取元素，运用到服饰中，从而使员工服饰与饭店文化主题、各区域空间氛围、风格相一致，提高服饰与饭店的融合度，使之更具审美意趣，成为饭店中一道流动的风景线。

（2）强化特色时尚性。员工服饰设计并非对传统元素一层不变的呆板使用，而是在继承基础上，结合时尚审美特征的再创作、再提升和再创造。形神兼顾，以神为主；复古时尚，以时尚为要是员工服饰设计的一种境界。

（3）重视岗位适用性。服饰向外界介绍我们，具有较强的岗位属性，因此服饰的设计应根据各岗位工作内容、工作特点，既方便工作，穿着舒适，又有较强的识别性，从而达到区分岗位、说明职责、引领服务的功能。

（4）关注广告传播性。员工服饰，尤其是饰品是文化主题旅游饭店特色商品的展示广告，应该起到吸引宾客关注、激发消费欲望、刺激消费的作用，因此员工服饰的设计与穿戴有较强的技术要求，独特、新颖、实用、精美、收藏价值和搭配艺术是关键性指标。

员工服饰是文化主题旅游饭店重要的文化特征，饭店应切实把握现代服饰发展及审美观念变化的趋势，充分利用文化主题所赋予的服饰元素，在时尚化与传统的碰撞中，产生出独特设计火花，创造出具有美学品位的员工服饰。

13. 必备项目关于员工区域文化主题宣传的要求

金鼎级：员工区域有本饭店文化主题的相关宣传
银鼎级：员工区域有文化主题宣传

释义

1. 文化主题旅游饭店是一种创新，需要调动一切资源，不断探索、不断总结，不断提升。同时文化主题旅游饭店建设更需要饭店全体动员，全员参与，持之以恒，因此应在员工区域持续性地进行宣传。

2. 宣传的方式多种多样，可以采取宣传栏、板报、图片展示，多媒体展示，电视片播放，摆放图书、资料、杂志等方式。

3. 宣传的内容主要有：标准文本、标准释义、文化资源介绍、文化主题说明、创建工作计划、制度创新与调整说明、创新产品与服务规范、创建心得、宾客评价等。

14. 必备项目关于前厅服务的要求

金鼎级：有展示文化主题的前厅服务
银鼎级：有展示文化主题的前厅服务

释义

1. 前厅是饭店信息传递和对客服务的枢纽，前厅服务主要有迎宾服务、入住登记、礼宾、行李服务、商务服务、问询服务等项目。而随着时代的发展，前厅区域的展示型、参与性、体验性功能越来越丰富，也对前厅服务的创新提出了更高的要求。

2. 文化主题旅游饭店的前厅服务创新应依据文化主题，着力在增强前厅服务内涵、强化前厅服务的体验性方面下功夫，基本思路是：

（1）常规性服务项目上应强调服务的仪式化创意，让宾客习以为常的服务项目充满趣味性、仪式感，从而对饭店形成良好的第一印象。

（2）可根据宾客活动规律，在前厅增加饭店文化主题活动、特色商品展示、特色康乐产品体验等差异化服务项目，让前厅服务丰富多彩，发挥营造氛围、宣传文化主题、营销服务产品的作用。

（3）应高度重视前厅免费饮品、免费小食品、大堂吧酒水的创意设计，使之与文化主题、与季节、与淡旺季、与饭店推出的文化主题活动等紧密结合，以更有品位、更为艺术、更有吸引力的饭店服务亮点和特色，提升饭店产品品质。

15. 必备项目关于特色饮食品的要求

金鼎级：有自行开发的特色饮食品
银鼎级：提供特色饮食品

释义

1. 这里的饮食品主要指饭店大堂吧销售的食品、饮品，以及饭店前厅所提供的免费饮品，总服务台提供的小食品、糖果等。

2. 特色饮食品是文化主题旅游饭店为深化文化主题，拓展经营空间和收益水平所推出的重要创意性产品，也是前厅服务创新的重要内容。

特色饮食品的"特色"体现在与文化主题的内涵吻合，色香味形俱佳，新颖可口等方面。特色饮食品可从饭店餐厅创新菜品、饮品中转化而来；也可从所在地特色菜品中借鉴产生；还可以与相关企业合作开发。在此过程中，饭店应高度重视"品牌""商标"等知识产权的归属与保护问题。

金鼎级文化主题饭店的特色饮食品需要自行开发，并鼓励饭店推行自身品牌和进一步产业链发展。

16. 必备项目关于导览服务的要求

金鼎级：提供文化主题导览服务
银鼎级：有文化主题导览服务

释义

1. 文化主题导览服务是文化主题旅游饭店组织创新、职责创新、岗位创新的重要举措，也是文化主题旅游饭店中十分重要的服务产品。

2. 导览服务包括文化主题导游和文化主题导示系统两部分内容。

3. 文化主题导游应有员工专门（不一定专职）负责该项工作，相关人员应经过严格培训，具有系统的文化主题知识，对饭店产品和周边环境资源熟悉了解，并具备导游、讲解员的基本技能和语言表达能力。

饭店应组织专门队伍编写文化主题讲解词，并根据情况，不断调整、完善、补充。

导游时间安排应根据宾客活动情况组织，并在前厅、客房等区域予以明示，引导宾客参与体验。

鼓励饭店采用员工导游与多媒体展示、微信导游平台等新科技相结合，形成立体多元的导游系统。

4. 文化主题导示系统属于饭店标识系统的一部分，要求饭店提供能够有效展示文化主题，帮助宾客理解、加深记忆的空间装饰艺术；壁画、浮雕、挂画、陈设、雕塑、建筑小品等艺术品；文化主题客房、文化主题餐厅等特色服务项目；博物馆、陈列室、文化主题展示场所等以标牌的方式予以介绍和说明。标牌要求文字清晰，制作精美，位置得当，连接有序，内容有吸引力。

17. 必备项目关于文化主题客房与服务的要求

金鼎级：有类型多样的文化主题客房及创意性服务

银鼎级：有创意性客房服务

> 释义

1. 文化主题客房是文化主题旅游饭店非常重要的拳头产品。所谓文化主题客房是指饭店依据文化主题展示需要，通过空间、平面布局、家具布置、灯光设计、色彩、陈设和装饰等环节的艺术处理，营造出某种独特的文化氛围，凸显某种文化主题的客房。文化主题客房包括名人客房、特色客房、体验客房、亲子客房等多种类型和形式。文化、艺术、个性是文化主题客房的显著标志。

文化主题客房建设可以从以下几个环节着手：

（1）家具的材质与风格与文化主题定位一致，色彩、工艺体现出文化主题元素。

（2）地毯或其他材质的地面铺设的图案、花纹、色调精心设计，特色鲜明，强化文化主题风格。

（3）墙面色调选择、装饰材料简洁明快，有相应的文化主题元素点缀，有展示文化主题的挂画。

（4）布草质地优良，有特色床上装饰物。浴衣、睡衣、拖鞋等色彩、款式依据文化主题专门设计。工艺品摆件与文化主题适应，提升文化主题印象。

（5）灯饰造型有特色，符合客房照度和日的物照明需要。

（6）有介绍或反映文化主题的图书、杂志等阅读物或介绍文化主题及特色服务项目的饭店专用电视频道。

（7）有文化主题客房入住、服务程序与质量标准。

2. 创意性服务则是指从进房、迎宾房态设计、夜床服务、送餐服务等方面饭店对客房服务所做的主题化、仪式化创新。

18. 必备项目关于文化主题餐厅与服务的要求

金鼎级：配置文化主题餐厅，服务程序与规范有助于文化主题展示

银鼎级：有创意性餐饮服务

> 释义

1.餐饮是文化主题旅游饭店创新产品，展示文化，增加营业收入十分重要的领域，应依据文化主题定位，充分挖掘资源优势和区位优势，开发特色菜品，金鼎级文化主题旅游饭店应有计划地构建主题宴会服务产品。

2.文化主题餐厅是文化主题旅游饭店展现文化主题，提升宾客体验感受的重要功能空间，建设中应关注以下环节的设计：

（1）总体布置顺应餐饮活动的特点，导向明确，避免交叉。

（2）在空间组合上灵活多变，依据主题宴会的定位风格布置场景，格调优雅，氛围怡人。

（3）依据文化主题的内涵，依据故事性、趣味性为餐厅命名。

（4）台面中心艺术装饰主题突出，具有强烈的视觉效果，艺术体验感强。

（5）餐巾、餐具的材质、色彩、图案、造型等与主题宴会搭配合理，相得益彰，起到烘托宴会氛围的效果。

（6）色彩与光环境的组合专业，符合宴会需要，有效烘托气氛。

（7）声环境的巧妙运用，背景音乐曲目与主题宴会的主题适应，音质良好，音量适宜，起到烘托气氛的作用。

（8）室内的绿化、插花、挂画、艺术陈设等与整体风格紧密配合，画龙点睛，展示文化主题。

（9）员工制服有设计，有特色，方便服务。

（10）有专门设计的服务流程、服务规范。

3.创意性餐饮服务实质上是一种超值服务，更是一种体验服务。即在常规餐饮服务问候、引领、倒茶、点菜、上菜、买单、送客、翻台八个环节中，根据文化主题定位要求和菜式要求，融入文化的、知识的、艺术的、科技的因素，以食品和饮品为道具，在员工和宾客服务互动中，使服务具有表演性、仪式性、戏剧性、趣味性、故事性，从而创造出独特的宾客就餐体验。

19.必备项目关于康体、休闲服务项目的要求

金鼎级：有符合文化主题特点的康体、休闲服务项目

银鼎级：提供特色康乐服务

二、表A 文化主题旅游饭店必备项目检查表释义

> 释义

1.康体、休闲服务项目实际上是指饭店服务产品中的康体休闲、保健休闲与娱乐休闲产品。

所谓康体休闲是指顾客借助一定的保健设施和场地,通过参与活动来调节心情、促进身心健康,达到休闲、交友目的的具有健身功能的活动,包括健身器械运动、游泳运动、球类运动、户外活动等。

所谓保健休闲是指顾客在一定的环境和设施中享受的既有益于身体健康,又放松精神、陶冶情操的被动休闲方式,包括桑拿洗浴,美容美体,保健按摩等。

所谓娱乐休闲是指在一定的环境或设施条件下,顾客通过参与一定形式的有趣文娱活动,从中得到精神的满足,包括歌舞类项目、游戏类项目、视听阅览类项目、表演类项目等。

2.体验经济时代下,文化与健康是人们最为时尚、最为迫切的消费需求。所以文化主题旅游饭店的康体、休闲服务项目在上述内容基础上又有所发展,具有更为复杂和深刻的意义与价值。

作为以展示文化主题、创造丰富体验为主要卖点的饭店产品,文化主题旅游饭店的康体、休闲服务产品不同于依附在产品或服务之中的体验,由康乐活动而产生的体验才是饭店真正要出售的东西。产品或服务不过是完成体验的辅助手段,为顾客营造独特的文化与健康体验成为康体、休闲服务产品建设首先应该考虑的因素,这里的健康不仅是身体的健康,更有思想与精神的健康内涵。所以说,文化主题旅游饭店康体、休闲服务产品是一种"活化旅游产品"。

"活化旅游产品"是指对于人体、对于心灵、或者对于参与社会活动的一种刺激,这种刺激可以来自他人(人为活化)、媒体(媒体活化)或物质(物质活化)。通过活化服务,可以使旅游者增加接触机会,增加人际交流,使旅途生活内容更加丰富和深刻,提升趣味、快乐和愉悦,开发个人创造力,实现个体需求,并使参与者个人经历更加丰富与难忘。"活化旅游产品"开发是体验经济时代适应市场需求的一种产品开发新思维。随着人们物质需要的不断满足,以及生活节奏的不断加快,人们对体验有越来越多、越来越强、越来越富有想象力的消费需求趋势。这些需求的实质是,一方面顾客希望在有限的时间内,摆脱自身熟悉与厌倦的工作、生活环境,愉快地体验一次"全新"的环境,另一方面由于顾客经历、交流能力、出行过程中心理的变化与紧张感,他

文化主题旅游饭店基本要求与评价（LB/T 064—2017）释义

们又很难简单地达成这种场景的改变，这就要求文化主题旅游饭店加强产品心理属性的开发，重视产品的品位、形象、个性、感性等塑造，营造出与顾客心理需要相适应的产品心理属性。在饭店平台上创造出不同的吸引物和兴奋点，形成内涵丰富、氛围独特的消费环境。在顾客参与其中的服务过程中，引起思想上的共鸣，留下美好的回忆，获得不同体验需要的满足，康体、休闲服务产品作为最具有参与性、娱乐性、体验性的产品，也最容易通过设计形成"活化"的特征。从这个意义上说，文化主题旅游饭店的康体、休闲服务产品在主题化的饭店平台上，包含有文化旅游、医疗保健旅游、体育娱乐旅游、休闲度假旅游、社会旅游、探险旅游等多种功能。

3. 康体、休闲服务产品功能选择与设置原则是：

（1）鲜明的特色和个性是引导宾客参与，激发正面情感，产生积极体验的关键，为此康体、休闲服务产品开发需要将康体、娱乐元素与文化主题有机融合，创造市场可接受的、具有特色与创意的产品形式，吸引宾客参与。

（2）适应消费特征，符合目标客源市场消费的需要。

（3）安全、经济、环保。

（4）方便顾客参与。

（5）具有趣味性、娱乐性、健康性、积极性。

20. 必备项目关于特色菜品的要求

金鼎级：有依据本饭店文化主题自行开发的特色菜品
银鼎级：有展示文化主题的菜品

释义

1. 特色菜品是指饭店基于文化主题定位，通过继承、挖掘、创新烹饪技艺，利用恰当材料，自行开发、推出的有助于展现主题精神实质，有利于消费者形成美好体验感受的菜品。

2. 特色菜品需要通过菜品自身展现历史积淀和民族、地方特色来丰富菜品的文化底蕴。每个菜品主题的产生，在于厨师对事物的观察、认识和理解，在于发现和创新。无论菜品的主题是什么，都应具有丰富性、多维性、开放性和人文性的特性。

（1）所谓丰富性，即不单调，从内容到形式，从单个到组合，都给人以丰盛的感觉。

（2）所谓多维性，即能让人引发联想，发起千古之幽思。

（3）所谓开放性，即富于时代感，富有激情。

（4）所谓人文性，即具有丰富的文化底蕴，富有历史传奇和神奇的色彩。

特色菜品在高度关注菜品自然美、装饰美、工艺美和意境美的基础上，更要注重菜品的口味、营养、卫生与经济实惠。

21. 必备项目关于主题宴会产品的要求

金鼎级：有依据本饭店文化主题自行开发的主题宴会产品

银鼎级：无

释义

1. 主题宴会产品

主题宴会产品不再单纯是一种"食"的生理行为，而是上升到文化的范畴，成为一种精神活动，能够在满足基本消费需求的同时，创造一段美好的经历和难忘的回忆。

在特色菜品开发的基础上，文化主题旅游饭店围绕同一文化主题，通过特色菜品的系列化开发与组合，并通过与就餐场所的特殊布置、服务程序的仪式化设计相互配合即构成了主题宴会产品。

2. 主题宴会产品开发的基本方法

主题宴会产品的价值体现为就餐环境美、菜品形象美、菜品色味名音美、用餐器具美、服务程序美、整体组合美。因此，开发中应注意以下几点。

（1）环境美。讲究优雅和谐、陶情怡性的宴饮环境，是中国人的饮食审美的重要指标。餐饮环境包括三种：自然环境；人造环境；二者的结合。

主题宴会产品需要有相应的环境做支撑，文化主题宴会餐厅强调的是室内餐饮环境的设计、装修之美。要求以文化主题为中心，以装修装饰为手段，以家具、艺术品为点缀，营造出与文化主题内涵相适应的餐厅氛围，让宾客身临其中，沉浸于文化体验享受之中。文化主题宴会餐厅设计时还应高度重视以下问题：按照餐饮行为习惯，进行餐厅室内空间形态设计；按照舒适度要求，选择家具，组织空间；按照宴会主题，营造光环境、声环境；按照嗅觉要求，组织通风和空调设计。

（2）食物形象美。食物形象美包括有色彩和造型。菜肴"形"的优美不仅使人精神愉快，赏心悦目，增加食欲，而且潜移默化地发挥着审美教育作用。孔子说"割不正不食"、"食不厌精、脍不厌细"，即表明食物形象美的重要性。形美的菜肴，往往讲究配型，用巧妙的艺术构思和细致的操作手法，将块、片、条、丝、丁、粒、泥、整只、整条等材料形态，变成丰富多彩形象悦目的花色形态，再以点缀和拼摆工艺辅助，使菜品的色泽与形制琳琅夺目，栩栩如生。

（3）饮食器具美。"美食不如美器"。美器不仅早已成为中国古人重要的饮食文化审美对象之一，而且很早便已发展成为独立的工艺品种类，有独特的鉴赏标准。主题宴会产品在餐具与菜肴的搭配上，应做到：一是餐具的大小应与菜肴的量相适应。菜肴量小，餐具过大，使人见之便有不"庄重"之感。反之，菜肴量大，餐具过小，使人见后，顿生食欲不振，不食已饱之念；二是餐具的品种应与菜肴的形状相适应；三是餐具的色泽应与菜肴色泽相协调。餐具色彩有深浅之别，菜肴的色泽又多种多样，两者搭配得当，就能把菜肴衬托得更加逗人喜爱，引人食欲。

（4）色香味名音美。烹饪艺术是一门特殊的艺术形式，具有独特的艺术特征。文化主题宴会产品应通过创意和烹饪充分体现这些特点，提升产品的价值。

秀色美：中国人讲秀色可餐，中国菜肴讲究采用食品天然色彩调色的，即利用蔬菜、肉食、水产品等食物本身具有的天然色彩进行调色。其中色的配合非常重要，配色虽然不会直接影响菜的口味和香气，但会影响人的食欲。主题菜品的色彩应根据主题文化内涵，按照人们的消费习惯，主色与副色精心配搭，使菜品呈现迷人的品质。

闻香美："香"是闻香，指肴馔散发出来的刺激食欲的气味。所谓不见其形，先闻其香。很早以来，"闻"就成为中国肴馔美的一个重要的鉴赏标准。闻香同时也是鉴别菜品美质、预测美味的重要审美环节和判断烹调技艺的感观检测手段。

味觉美：欣爱和追求美味是人之共性，但真正能达到的人是不多见的。中国人对肴馔味美有很高的鉴赏和独到的领悟。烹饪艺术首先是一种味觉艺术。味是烹饪艺术的核心。"知味"是饮食的至高境界，菜肴是供人食用的，是通过舌的味觉而使人得到美的享受。味不美，即使形态、色调再美也算不得是佳肴，算不得精妙的艺术品。

菜名美：中餐味美，名更美。菜名要能体现出人之性格爱好、文化修养。要经过人们反复推敲，不能牵强附会，力求雅致切题，名副其实，以菜名可以窥出菜的特色和反映菜的全貌。

音响美：中国自古有"钟鸣鼎食"之说，主要指围绕文化主题所形成的餐间表演应高雅，富有感染力，能够强烈的烘托气氛。

（5）服务程序美。服务是产品的有机组成部分，更是产品价值增值的关键内容，在主题宴会产品开发中，依据文化主题，创新服务程序是丰富产品内涵，提升主题宴会产品价值的重要环节。

"呦呦鹿鸣，食野之蒿，我有嘉宾，德音孔昭；鼓瑟鼓琴，和乐且湛，我有旨酒，以燕乐嘉宾之心"表现了中国人对于宴会进行中情感表述的重视。因此，文化主题宴会产品应依据文化主题和宴会产品的特殊要求，注重服务的仪式化创意，在服务中的各个细节中，通过动作、语言、仪态、服务形式等手段传递情感，从而创造出独特的宾客体验，感动宾客。

（6）整体组合美。上述各环节围绕主题宴会产品的主题与情感需求，精心设计，有机组合，情景交融，便能呈现出主题宴会产品的整体组合美。

22. 必备项目关于特色商品的要求

金鼎级：有依据文化主题自行开发的特色商品
银鼎级：提供展示文化主题的特色商品

释义

1. 特色商品是宾客"可带走、可收藏、可传递的记忆"，更是文化主题旅游饭店拓展经营范围，增强营收能力的重要途径。

2. 文化主题旅游饭店自行开发的特色商品除一般商品的特性之外，还具有以下特点：

（1）特色性：即差异性，由于是文化主题旅游饭店自行开发的商品，因而具有唯一性。其特色体现在特色的设计、特色的工艺、特色的包装、特色的品牌，与文化主题和饭店形象共同构成了鲜明的差异化特色。

（2）收藏性：由于是消费者在入住文化主题旅游饭店期间购买的，因此在时间或空间上具有特殊的意义，成为了宾客美好饭店故事的一种情感承载物，具有收藏价值。

（3）价值性：特色商品内含丰富的情感价值，除具有一般商品价值外，便具有艺术价值、欣赏价值、纪念价值、地位价值等附加的价值，这种价值也称作情绪价值或称第二价值。

（4）实用性：开发特色商品的目的是为了饭店拓展经营范围，提升收益，因此销售考量应引起高度重视。以实用性商品开发为主，强调商品的造型、色调、功效、美感、历史文化内涵，重视商品小巧体轻，制作精致，包装可靠，售后服务等环节是特色商品开发成功能的关键性因素。

（5）多样性：根据饭店宾客不同消费需要，特色商品开发应层次多样，品种多元，价格多种，形成完整的产品结构体系。

3.特色商品开发的条件：为使特色商品达到上述特性要求，文化主题旅游饭店特色商品开发需要具备以下基本条件：

（1）一个前提——顾客需要。
（2）一个中心——文化主题深度挖掘。
（3）一个平台——文化主题旅游饭店。
（4）一个支撑——创意和生产条件。
（5）一个保障——具有创新力的机制（组织、经费和团队）。

23.必备项目关于节庆活动的要求

金鼎级：有展示文化主题的节庆活动
银鼎级：有展示文化主题的节庆活动

释义

1.节庆活动主要指文化主题旅游饭店依据文化主题，结合经营需要，自行或合作开发的文化节、旅游节、美食节等大型文化主题活动。

2.节庆活动是一种非常典型的庆典仪式。从社会学的角度看，人们每天生活在仪式之中，需要借助仪式来连接外界，构建秩序，寻找归宿，仪式通过一系列被赋予意义的程序参与，能够使某种情感、关系符号化，长久被人们记忆和回味。从经济学的角度来看，仪式为产品特色打上重重的印迹，使人们对特色具有更强的兴趣和更深刻的体验记忆。因此，作为一种依据文化主题设计的仪式，文化主题饭店的节庆活动是创造价值，传递服务理念，刺激消费，形成情感性体验，让宾客留下美好感受与记忆的重要途径和方式。就饭店而言，这种情感体验即是价值，即是情怀，是文化主题产品非常重要的组成要素。同时，作为一种充满价值，具有无穷魅力的庆典仪式，文化节、旅游节、美食节等大型文化主题活动也是饭店宣传促销、聚集人气、提升收益、培养口碑的一种有效的经营手段。

3.节庆活动策划必须高度关注以下环节

（1）突出主题：主题是节庆活动的主旋律，反映了节庆活动的理念，也是其形成竞争优势并保持长久生命力的有力工具。

（2）彰显特色：特色是节庆活动的灵魂，因此无论何种类型的节庆活动都应该在主题统领下，依据饭店实际，充分挖掘区域特质，节庆活动的特色与个性才有客观载体，才有根基和基础。

（3）宾客参与：宾客参与是节庆活动的生命力，更是活动发挥功能、产生效益的关键。

（4）注重效益：节庆活动是文化主题旅游饭店的一种经营性活动，效益是目的。节庆活动的策划必须高度重视社会效益和经济效益相结合、近期效益和远期效益相结合、单项效益和综合效益相结合。

（5）不断创新：文化主题是基础，节庆活动是内容，效益提升是目的，特色创新是保证，因此文化主题旅游饭店的节庆活动策划应注意研究新情况、解决新问题、总结新经验、探索新思路，不断推陈出新。

24.必备项目关于演艺活动的要求

金鼎级：有围绕文化主题的演艺活动
银鼎级：无

释义

1.演艺活动主要指文化主题旅游饭店自行或合作举办的戏剧、歌舞、广场表演、堂吧表演、餐厅表演等。

2.遵循文化主题，依据饭店实际，强化成本意识，突出多样性方式，关注参与性、娱乐性、积极性、效益性是演艺活动策划组织的原则，饭店应量力而行，灵活多样地开展。

25. 必备项目关于体验活动的要求

金鼎级：互动式体验活动
银鼎级：有围绕文化主题的体验活动

> 释义

1. 体验活动主要指宾客可参与的水疗、瑜伽、武术、探险、拓展训练、知识培训、手工制作、茶艺等饭店服务项目。

2. 金鼎级文化主题旅游饭店的体验类服务项目，更为强调体验活动的互动性。

互动指在参与上述体验活动中，饭店员工与宾客之间，宾客与宾客之间，员工与员工之间通过语言、肢体、情绪等各种方式的交流，得以形成一种相互信任、相互认同、相互依赖、相互欣赏等积极心理的改变过程。这种积极心理的形成能够帮助宾客产生宾至如归、温暖亲切的体验感受，进而对饭店形成归属感，不断强化消费欲望、强化情感认同、强化口碑效应。而实现的关键是对体验活动形式、内容、服务流程与规范的专业化设计和良好互动关系的建设。

26. 必备项目关于舒适度的要求

金鼎级："5 基本功能与服务"的相关内容
银鼎级："5 基本功能与服务"的相关内容

> 释义

在"基本功能与服务"中，本标准从建筑与空间、前厅、客房、餐饮、其他等方面对饭店产品的基本要素和指标提出了相应的要求，结合文化主题构建、文化主题氛围、文化主题产品、文化主题活动等必备项目，共同构成了对文化主题旅游饭店产品舒适度的要求。具体理解是：

1. 文化主题旅游饭店归根结底是饭店，需要符合饭店相关规律与特性的要求，需要在满足宾客生理需要的基础上，才能更好地满足宾客的文化消费，体验满足的需要。因此产品基本舒适度是文化主题旅游饭店生命线。

2. 饭店舒适度是建立在专业化基础上，借助空间、借助道具、借助行为、借助语言在饭店环境空间、设施设备和服务产品方面所达到和形成的安全、方便、温暖、愉悦的体验感受。其中，专业性是基础，品质是内容，个性特色是生命，感动宾客是目的。

（1）舒适度是硬件与软件有机结合的综合体现。人体工程学的研究表明，舒适度是一个复杂的动态概念，是人与环境交互作用而引起的刺激与效应，它因人、因时、因地而不同。环境刺激引起人的感官，引起各种生理和心理活动，产生相应的知觉效应，同时也表现出各种外显行为。而刺激量的大小就直接影响和决定着人的舒适度感受。如果刺激量过小，则不能引起人的感官反应；如果刺激量在人的适应范围内，人就产生一种愉悦的感受；如果刺激量超出人的接受能力，人们则会强烈反应，以摆脱或者改变环境的方式规避不适的刺激。因此，所谓舒适度实际上是指环境对人的刺激量控制在人适应范围之内，从而引起人们的一种良好生理与心理效应的过程。

就饭店而言，环境主要包含三个层次：一是硬件环境，指饭店建筑、设施设备等是否合理、有效、方便；二是服务环境，指饭店员工的服务是否准确、快速、温馨；三是心理环境，指饭店的等级、品牌、社会声誉、安全、卫生等是否能提供尊严感。上述三种环境如果刺激量过小，客人对这家饭店不会产生任何印象，不会留下任何的记忆；如果刺激量过大，客人则会产生店大欺客、服务过度、服务干扰的感觉，会选择投诉或离开；只有刺激量控制在客人适应的范围内，客人才会感到自由、轻松、惬意和满足，才会具有舒适的感觉。由此可见，饭店舒适度绝不是硬件一方面的问题，而是硬件与软件有机结合的综合体现。

（2）舒适度表现出硬中有软，软中有硬的特征。人体工程学的研究表明，舒适度包含两种类型，一是行为舒适度，二是知觉舒适度。

所谓行为舒适度是环境行为的舒适程度。人的环境行为包含人对环境的感觉、认知、态度和空间行为。提升行为舒适度必须分析研究人的行为特征、行为习性、行为模式，从而合理地确定人的行为与空间的对应关系，进行科学的空间布局。因此，饭店内的环境行为舒适程度必须符合和满足客人在店内的行为方式与行为规律的需要，清楚客人活动的目的与流线，合理地设置各功能区布局，建立完善的导向系统与图文信息系统，保证客人能够方便、快捷地得到所需要的服务。

所谓知觉舒适度是指环境刺激引起的知觉舒适程度，主要包括视觉环境、听觉环境、嗅觉环境、肤觉环境与饭店环境氛围的美学感受。因此，饭店必须高度关注灯光、噪声、温度、空气清新度、布草柔软性等细节的建设。同时，饭店还必须强调设施设备、装修的艺术性及服务活动品位，细节的美学价值反映一家饭店的精神追求和情感意识，而员工服务态度、服务技能则对营造良好的氛围具有重要意义。

由此可见，饭店舒适度既是硬件与软件有机结合的综合体现，也表现出硬中有软，软中有硬的特征。

3.饭店产品舒适度建设必须围绕行为与知觉舒适度，建设好饭店的三个环境。

（1）饭店空间环境建设。饭店是在建筑空间中完成情感与价值交流的行业，因此饭店空间环境建设不单纯是一个建筑装饰的概念，而是一种场景塑造的过程，需要依据文化主题，按照宾客的审美需要和情趣，在饭店空间中营造出剧场般的感官效果和舞台般的吸引物。

饭店空间环境的美感与价值体现在不同空间的氛围和空间组合的相互关系上，是饭店品位的直接反映。所谓饭店品位是指由有形和无形的饭店服务与细节所体现的饭店美学追求。在饭店空间氛围方面，饭店品位体现在建筑造型、空间分隔、流线组织、装修材质、设施设备档次等建筑装修层面设计的专业性、艺术性；体现在色彩搭配、灯光、艺术品陈设方式、绿色植物选型、家具摆放位置等细节的人性化考量。这就要求在饭店空间建设中，应运用空间的对比与变化、重复与再现、衔接与过渡、渗透与层次、引导与暗示等多种手法来建立一个完整、统一的空间序列，保证使用的便利性和空间展现的节奏感。在装饰上应运用高与矮的对比、长与短的对比、纵向与横向的对比、实与虚的对比、透明与不透明的对比、不同材料的质感对比等，形成多样的形式节奏和具有统一性的形式之美与情感效果。

（2）饭店服务环境建设。在营造产品舒适度的工程中，饭店服务环境建设与空间环境建设同样重要，应严格把握以下基本原则。

首先，饭店员工应树立产品舒适度意识：舒适度是产品的基本要求，因此员工应不断学习，掌握饭店各项设施的舒适度标准，严格按照专业化的规范要求进行产品的生产；

其次，强化规范化意识：规范化是对饭店产品属性的基本规定，是饭店成其为饭店的基本条件，因此在饭店服务环境建设中应严格按照饭店服务质量的"黄金标准"规范自身服务，这是从宾客最基本需求的角度出发，对饭店产品、服务环境、人员三方面提出的最低要求。

"凡是客人看到的必须是整洁美观的"：这是对饭店服务环境的基本要求，

是给客人的的第一视觉印象。要求在店容、员工仪表、服务举止等各方面应给客人一种美的享受。

"凡是提供给客人使用的必须是有效的"：有效是客人对饭店服务的核心要求，包括设施设备、饭店用品、服务规范的有效性等各个方面。

"凡是提供给客人使用的必须是安全的"：安全是客人的最低层次要求，必须重视饭店设施设备安全性与安全管理的有效性。

"凡是员工对待客人必须是亲切礼貌的"：礼貌亲切是饭店对客服务的基本要求，包括员工服务时的面部表情，语言表达能力，行为举止是否礼貌得体等。

这就要求饭店员工具有良好的职业素养和高超的服务技能，严格遵循饭店服务基本的规范标准。不管时代如何变化，饭店都永远是一个依靠规范、标准实施建设、服务的行业，规范体现质量要求，规范满足基本需要，规范提供品质保证，离开了基本的规范和标准，服务将成为空中楼阁。

（3）饭店心理环境建设。在文化主题旅游饭店中，文化与美学体验成为产品价值的核心。因此饭店知觉舒适度是成为服务风格得到宾客认同的关键。在饭店舒适度建设中，应高度重视消费心理环境的建设，以浓郁的氛围为依托，以特色鲜明的空间为舞台，以戏剧化、表演化、仪式化、个性化的服务程序为道具，以员工引导、顾客参与，员工与顾客互动为方式的仪式化服务来营造美好的饭店生活是心理环境建设的有效方式。为宾客提供一段美好难忘的饭店经历，给宾客书写一段韵味悠长的饭店记忆是饭店心理建设的重要任务。

产品舒适度是文化主题旅游饭店文化主题展示、体验产品创新、服务价值提升的基础，只有植根于产品舒适度基础上的饭店温暖感、情节感、体验感、仪式感才能形成鲜活的风格与特色，才能赋予文化主题旅游饭店旺盛的生命力。

三、表B 文化主题旅游饭店等级划分评价表释义

1. 等级划分评价表的评分说明

　　文化主题旅游饭店等级划分评价表是对饭店文化主题开发、产品舒适度、产品体验感和经营效益的一种综合性评价，用以认证饭店主题化建设所实现的程度和产品品质所达到的高度。

　　认证时，在饭店等级评定基本条件、等级划分条件和表A文化主题旅游饭店必备项目检查表符合要求的前提下，需要结合饭店《文化主题旅游饭店报告书》附件"饭店基本情况"和相关方案、设计资质等材料综合评价。

　　评分时，对照本表的相关条款，除选择性设定款项外，如果饭店最终所实现的程度存在细微差距，允许设定2分以上项目采用减半给分的评价方法。

2. 标准1.1 文化主题创意策划

1		文化主题构建	100		
1.1		文化主题创意策划		20	
1.1.1		有市场需求分析			6
1.1.2		有对文化资源的分析、加工、提炼			6

　　1. 对文化资源的分析、加工、提炼的过程即是饭店在众多资源中对资源价值的梳理、评估的过程，其目的在于能够帮助饭店选择最适合、最有价值的文化资源作为文化主题。

　　2. 选择、评估的依据是饭店的市场定位、消费者文化消费爱好与特点、饭店所在地社会经济、旅游业、饭店业发展水平、饭店投资能力、饭店所能调动的智力、技术条件等。

　　3. 文化资源的价值体现在文化资源的影响力、为饭店产品创新提供支持的文化要素的丰富程度、为饭店创造社会效益、经济效益、品牌效益的可能性高

低等方面。

4.完整的创意策划报告书的内容主要包括：

（1）市场分析与定位：宾客是谁、宾客画像。

（2）目标客源市场文化需求分析：文化趣味与审美特点。

（3）资源要素与资源价值分析：可以利用资源与最有价值资源评估。

（4）文化主题定位：确定、提炼、阐述。

（5）建筑设计、空间装修、设施设备配置、产品开发、组织架构、制度建设、流程设计、持续发展等方面原则性要求。

3. 标准1.1.3 文化主题定位

1.1.3	文化主题定位		4		
	与饭店所在地文脉（人文资源）、地脉（自然资源）、人脉（社会资源）一致			4	
	引入或移植主题			2	
1.1.4	将文化主题融入饭店价值观、服务理念、企业精神等		4		

定位即确定位置。定位是定位理论中最核心、最基础和最早的概念和观点。所谓定位理论是由美国著名营销专家艾·里斯（Al Ries）与杰克·特劳特（Jack Trout）于20世纪70年代提出的。定位理论认为，定位要从一个产品开始。这个产品可能是一种商品、一项服务、一个机构甚至是一个人。定位不是你对产品要做的事，而是你对预期客户要做的事。换句话说，要在预期客户的头脑里给产品定位，确保产品在预期客户头脑里占据一个真正有价值的地位。定位理论的核心是"一个中心、两个基本点"，即以"打造品牌"为中心，以"竞争导向"和"消费者心智"为基本点。

1. 文脉、地脉、人脉的概念

文化资源是一个庞大、复杂的系统。文脉是一个区域的文化特质，指饭店所在地的历史文化环境因素，包括文明态势、民风民俗、传说掌故、名胜古迹、名山古镇、风味特产、生活方式、生活习惯等内容。地脉是一个地区的地域特征，指饭店所在的自然环境因素，包括地势、气候、空气质量、植被、山川河流、物产、交通等。人脉是一个地区的区域精神，指饭店所在地的城市精神、相关政策、发展规划、修养习惯、包容性意识等。

文化定位"与饭店所在地文脉（人文资源）、地脉（自然资源）、人脉（社会资源）一致"的要求即是对文化主题选择、定位的"地域性"内涵的强调。中国是一个历史悠久、文化昌明的国家，文化主题旅游饭店要发出中国声音、讲好中国故事，文化主题就应该以中国文化为基点。只有在饭店所在地最具特征、最有影响力、最具代表性、最为当地居民所认同与骄傲的要素基础上提炼形成的文化主题，才能真实有效地展示所在地的文化特质，才符合所在地社会、经济和旅游发展的需要，也才能得到当地居民的认同和爱戴，由此文化主题旅游饭店才能有机地融入所在的整体发展之中，发挥更显著的效益和作用。因此，地域性原则是文化主题定位过程中需要倡导与鼓励的一种方式。

"引入或移植主题"是指饭店文化主题内涵本身体现人类物质文明、社会文明、精神文明的成果，但地域性指标不强的一种主题定位方式。

2. 主题定位需要符合以下基本原则

（1）与市场定位高度吻合，能最大限度满足目标客源群体的文化消费需要。

（2）与饭店发展定位高度吻合，赋能饭店，能够激发饭店创新活力，为饭店带来最好的经济效益、社会效益、品牌效益和可持续发展能力。

（3）与所在区域旅游业发展定位高度吻合，能够有机融入所在区域全域旅游发展的整体框架之内，促进所在区域住宿业整体水平提升和旅游形象塑造。

（4）与所在区域居民的文化认同高度吻合，成为所在区域的亮点、热点和名片。

（5）主题定位的准确程度体现在：高度提炼，归纳准确，阐述清晰，表述简洁，便于记忆方面。

3. 文化主题融入饭店价值观、服务理念、企业精神

文化主题是文化主题旅游饭店建设的中心思想和基本纲领，不仅指导饭店建筑、空间、设施设备、服务流程规范等显性产品的建设，还必须深入企业文化建设的层面，从组织转型、思维变革、观念转换等深层次对饭店建设发挥引领和促进作用，因此将文化主题的精髓融入饭店的价值观、服务理念、发展愿景、企业精神、企业使命等企业文化建设，激发文化主题旅游饭店的组织活力、机制活力、制度活力、员工活力是非常重要的工作。

（1）价值观指文化主题旅游饭店认知、理解、判断或抉择的一种思维或价值取向。

（2）服务理念指文化主题旅游饭店对服务产品本质和内涵的一种规定和

要求。

（3）发展愿景指文化主题旅游饭店对发展的目标和奋斗方向的设计。

（4）企业精神指文化主题旅游饭店员工所具有的共同内心态度、思想境界和理想追求。

（5）企业使命指文化主题旅游饭店基于价值观、服务理念、企业精神和发展愿景所做出的行为承诺。

4.评分时应参考《文化主题旅游饭店报告书》附件"饭店基本情况"12、文化主题定位为：_____的填写内容，以及饭店"文化主题创意策划书"的相关内容，并对照饭店实际执行情况予以认证。

4. 标准1.2 饭店设计

1.2	饭店设计	32				

饭店设计是一项严谨的、科学的、综合性的整体规划、调研、评价、定位的筹划过程，涉及面广、专业要求高，包括市场定位、功能设定、文化定位、建筑设计、空间设计、设备设施选配、经营理念与人员准备等一系列复杂的工作。因此，需要饭店依托具有资质的专业设计公司，依据饭店市场定位、档次定位、规模定位、文化主题定位以及经营发展需求予以整体系统的设计完成。饭店设计建设应遵循的原则：

（1）市场原则：市场定位是确定饭店经营项目的依据。饭店设计建设时应根据所设置服务项目的不同功能需要，灵活性地把握不同功能区域的面积分配比例和服务设施的配备要求。

（2）文化主题原则：饭店设计应充分依据文化主题定位所赋予的文化元素和要求，从展示文化主题、表现文化主题、体验文化主题、开发创新产品等需要出发，确定饭店的风格、功能配置、设施设备选型等设计基调。

（3）等级原则：饭店的设计建设应根据自身客源市场定位，确定相应的等级定位，并按照相应等级所需要的服务内容，确定基本的功能需要。

（4）类型原则：不同类型的饭店由于顾客消费需求的差异，对各功能区基本的服务设施有不同的要求，饭店的设计建设应根据差异形成明显的功能特点。

（5）节约投资的原则：在满足市场定位、等级定位、类型定位、功能定位的前提下，饭店的设计建设应尽可能的考虑减少投入，降低成本。饭店的功能布局和流线安排更应考虑降低运营成本的需要。

（6）效益原则：客房是饭店的主体，在饭店面积分配规划时，应按照客房面积比率随等级增高而降低，公共经营区域面积比率随等级降低而降低的原则，确保饭店形成最有效的收益空间结构。一般而言，客房面积、公共经营区域面积、交通及辅助区域面积形成5:2.5:2.5的比例关系最为适宜。

在区域分布规划时，相同功能板块应尽量集中；不同功能区域应尽量减少相互干扰；区域分布设计应与流线设计有机结合。

总体布局设计必须充分考虑客人流线、服务流线、物品流线、设备流线、信息流线的需要，缩短流线距离，减少相互交叉。

（7）可持续发展原则：饭店所处地理位置，周边环境等因素影响整体的规划与设计，饭店的设计建设必须遵守旅游发展规划和城市规划、旅游区规划、风景名胜区规划的要求，本着节约土地资源、营造良好内外环境的思路，进行科学的设计。

原则上地处城市中心区域的饭店一般应采用集中式布局的手法，充分利用地下设施，符合城市规划要求，因地制宜。位于城郊、景区周围的饭店则可根据实际环境及用地情况，采用分散式布局方法，形成宁静、幽雅的饭店环境。

5. 标准1.2.4 园林景观设计

1.2.4	园林景观设计		4			
1.2.4.1	有完整的方案文本		2			
1.2.4.2	规范协调，表现力强		2			

1. 园林景观设计是指在饭店区域范围内，运用园林艺术和工程技术手段，通过改造地形、种植植物、营造建筑和布置园路等途径创造美的自然环境和生活、游憩境域的过程。

通过景观设计，使环境具有美学欣赏价值、日常使用功能，并在一定程度上，体现了饭店文化主题内涵和服务理念、审美观念等内在价值是文化主题饭店"空间情景"建设非常重要的内容。

2. 园林景观构造的五大要素是指山水地形、植物、建筑、广场与路径和建筑小品。

（1）山水地形是构成园林的骨架，主要包括平地，丘陵，山峰、水体等类型，地形要素的利用和改造，将影响到园林的形式，建筑的布局，植物配置，景观效果，给排水工程，小气候等因素。

（2）植物是园林中有生命的构成要素。植物要素包括乔木、灌木、植物，花卉，草坪等。植物的四季景观，本身的形态、色彩、芳香等都是园林造景的题材。园林植物与地形、水体、建筑、山石等有机地配植，可以形成优美的环境。

（3）建筑根据园林的立意、功能、造景等需要，必须考虑建筑和建筑的适当组合，包括考虑建筑的体量、造型、色彩以及与其配合的假山艺术、雕塑艺术等要素的安排，并要求精心构思，使园林中的建筑起到画龙点睛的作用。

（4）广场与路径构成了园林的脉络，并且起着园林中交通组织和导游路线的作用，可以是规则的，也可以是自然的，或者自由曲线流线形的。

（5）建筑小品，也称为园林小品，是园林构成中主要的部分，小品使园林的景观更具有表现力。园林小品，一般包括园林雕塑、园林山石、园林壁画等内容。

3. 园林景观设计的原则：

（1）因地制宜原则：园林景观设计应充分考虑所在地的自然环境、生态环境、生物种类等多种因素，尽量减少园林设计对原有物种和植被的破坏，以实现对原有生态系统的保护。

（2）生态平衡原则：生态平衡是园林稳定的前提，需要根据植物的特性，利用植物之间共生与互惠的原则，合理搭配，科学分区，才能构建起结构合理、功能健全、种群稳定的复层群落结构。

（3）以人为木原则：饭店园林景观除发挥美化环境功能外，更重要的是为宾客创造更舒适、优美、健康的活动空间，因此文化主题旅游饭店的远景景观设计需要围绕文化主题，高度重视宾客的进入性、实用性问题，应充分地考虑到宾客的切身要求，实现单一审美向产品的转化。

（4）整体性原则：整体性市园林设计的"灵魂"，园林景观设计除考虑建筑功能、环境条件外，还必须遵循严格的艺术规律，充分运用相关设计法则，将植被、建筑、小品、路径等各要素有机组合，形成一个协调而完善的体系，创造出优美合理、新颖独特的景观特色，才能提升园林景观的表现力。

4.园林景观设计的表现力

园林景观表现力体现在园林景观主题突出、比例适度、对比调和、节律柔和、均衡稳定、多样统一等方面。

园林景观设计绝不等同于种花种草、挖湖堆山、移石造景，明确的主题是园林景观表现力的核心。园林景观的主题分为自然生态美和文化生态美。自然生态美是指园林景观设计过程中，充分依据自然环境条件在园林中所构建的自然生态系统的美感；文化生态美是指在园林景观设计中，通过多种类型的文化融合和文化元素运用所展现出来的美感。文化主题旅游饭店的园林景观设计有更高的要求，需要实现生物多样性、文化丰富性和展现形式艺术性的多元结合，构建出特色突出、个性鲜明的景观魅力。

园林景观表现力体现在整体的视觉效果上，这就要求景观比例、尺度适当。所谓比例是指景观中各种要素之间空间的体型和体量的关系。所谓尺度是对景物在其园林环境中的量度。研究园林景观的比例和尺度，除了要推敲其本身的空间关系外，还要考虑园林中各景观要素之间的关系。优美的比例寄于良好的尺度之中，恰当的尺度也需要良好的比例来体现。比例是美观的基础，取决于设计者自身的审美体验和感受。

园林里常用对比法则，如欲扬先抑、欲小先大、欲高先低、以隐求显、以虚求实等对比，从而使园林景观生动活泼、主题鲜明。但是若对比过于强烈，无论是形态、体量、材质、色彩等均会造成杂乱无序，失去和谐的审美效应，所以对比要求协调非常重要。园林中常见的对比有体量对比、形状对比、虚实对比、明暗对比、色彩质感对比、建筑与自然景物对比等。采用对比的手法是为了烘托或反衬重点，景观设计时要注意相互联系与配合，体现调和的原则，使其具有柔和、平静、舒适与愉悦的美感。因此，在园林景观设计中常用对比的手法来突出主题或引人注目，用协调的手法达到统一。

园林也有节律的体现，节律是韵律与节奏共同引起美感的总称。韵律指诗歌中的声音节奏，相同音色的反复出现或句末、行末同韵同调字的相互联系，构成了韵律，强化了诗歌的音乐性和节奏感。节奏是音乐术语，音响运动的轻重、缓急形成节奏。韵律是一种有规律的变化，轻重、缓急、强弱、长短交织重复是产生韵律的前提。园林景观布置中常常运用到简单和复杂两种节律营造的方法。简单的节律营造，如行道树、花带、台阶、蹬道、柱廊、围廊等；复杂的节律营造，如地形地貌、林冠线、林缘线、水岸线等。上述方法都能使人对园林景观产生一种有声与无声交织的节律感，从中体验到园林的美感。

园林景观因有不同部分和因素间既对立又协调的空间关系，景观才有均衡稳定的悦目感。园林景观设计中常常以对称均衡和不对称均衡两种方法来达到均衡稳定的美感。所谓对称均衡指景观设计时，规划明显的主轴线，景物在轴线两边作对称布局，从而使景观整体上产生严谨性、条理性、稳定性的视觉美感。所谓不对称均衡则是指景观设计时，以不对称的方式布置，而从整体上取得均衡视觉感受的一种方法。其原理与力学上的杠杆原理相似，即在园林中，确定一个平衡中心点（即支点），然后仿效杠杆原理进行景物布置，重量感大的离支点近，重量感小的物体离支点远，而在整体上形成生动活泼、灵活多变，平衡中富有运动感的视觉效果。中国江南园林多采用这种方式以凸显景观的特色和韵律。

多样统一规律是一切艺术领域中处理构图的最概括、最本质的原则。多样就是变化，统一就是协调、和谐。没有多样就无所谓统一，正因为有了多样才需要统一。景观中各要素之间的相互关系只有达到最佳的协调，才能使园林意境既丰富多彩而又和谐统一，极富有美感和艺术情趣。

园林景观无论是从造型、格调、色彩关系、高度变化、线条变化等方面，总是强调从总体审美效果上创造群体和谐统一之美，强调园林与环境关系所造成的烘云托月之美，强调亲和自然之美。所以说主题突出、比例适度、对比调和、节律柔和、均衡稳定、多样统一是美学的最高法则，更是园林景观表现力之所在。

6. 标准 1.2.5 灯光系统设计

1.2.5	灯光系统设计		3	
1.2.5.1	有完整的方案文本		1	
1.2.5.2	功能照明、重点照明、氛围照明和谐统一		2	

1. 在文化主题旅游饭店，专业化的灯光系统是凸显文化主题，营造文化氛围，开展文化主题活动非常重要的条件和方法，其设计应满足以下基本要求：

（1）分区照明，分区控制，照度舒适，安装便捷、安全牢固，方便宾客正常活动需要；避免眩光，保证亮度的均匀性、照度的稳定性、光色的柔和性。

（2）注重重点照明及氛围照明。采用整体设计，光比虚实得当、光源一致，起到划分空间、突出重点、渲染氛围、营造良好光影环境的作用。

（3）回路分配得当，构建迎宾照明状态、工作照明状态、基本照明状态的灯光体系；选用高发光率低功耗光源，符合科技创新、绿色环保要求。

2. 形成功能照明、重点照明、氛围照明的完整体系建设

（1）所谓功能照明是指饭店在不同服务区域为满足宾客使用需要和员工工作需要所设置的照明设施。

（2）所谓重点照明也称"目的照明"，是指定向照射某一特殊物体或区域，以引起注意、留下印象的照明方式。它通常被用于强调特定空间区域或陈设，如建筑要素、构架、装饰品及艺术品等。

（3）所谓氛围照明是指通过光源的亮度、色温、抑扬、虚实、隐现、动静、角度等设计要素，改变人们的视觉感受，从而形成某种特殊效果和趣味空间的照明方法。

7. 标准 1.2.6 家具设计

1.2.6	家具设计			4				
1.2.6.1	有完整的方案文本			2				
1.2.6.2	融入文化主题元素，方便舒适			2				

1. 家具是饭店重要的设备，更是文化主题旅游饭店特殊的文化用品，是展示文化主题，塑造空间氛围，强化宾客体验的重要载体。

2. 文化主题旅游饭店家具设计的方法

文化主题旅游饭店的家具设计要求通过将文化主题内在的隐性文化元素转化为显性的设计要素，运用现代设计理念，创造出一种符合现代生活形态的符号语言，从而实现家具的精神性功能价值。其方法有以下几种。

（1）文化元素重构转化：重构是按照一定的审美规律和造物理念，运用分离、切割、打散、错位、正负形等形式手段，创造性地将文化元素组合成新的视觉符号，既体现文化元素的特性，又符合现代审美法则。

（2）文化元素分解组合：设计师从传统的文化符号或纹样中获得灵感，通过分解与组合的方法，以现代审美理念为标准来处理复杂烦琐的造型，让其既能保留特有的文化神韵，又能够拥有现代家具的简洁风格特征，在适应机械化大生产的前提下，满足消费者追求简约的生活需求，从而实现古为今用的目的。

（3）文化元素简化提炼：简化提炼是对传统纹样进行变形整理方法，简化

并不是草率的删除，而是一种提取其精髓的再创造行为。也就是将复杂的纹样图案进行处理，省略烦琐、陈旧的细节，突出其的特点，通过夸张、修饰等手法提炼纹样的神韵，从而使纹样图案简洁大方，但又不失原有图案的装饰美感。在家具设计中通过对文化元素的典型特征再创造，能够使文化元素具有更强的生命力、感染力、时代感，从而达到生动传神的效果。

（4）文化元素立体转化：所谓立体转化，就是指将文化元素中的二维元素进行三维立体变形。三维立体的转化，可以实现文化平面元素的立体化效果，进一步强调装饰纹样的特征，让其在原有形象上更加鲜明、生动。

8. 标准 1.2.7 VI 设计

1.2.7	VI 设计			4			
1.2.7.1	有完整的方案文本			2			
1.2.7.2	生动形象展示文化主题内涵			2			

1. VI 即（Visual Identity），通译为视觉识别系统，是 CIS 系统最具传播力和感染力的部分。是将理念识别（MI），行为识别（BI），视觉识别（VI）中的非可视内容转化为静态的视觉识别符号，以无比丰富的多样的应用形式，在最为广泛的层面上，进行最直接的传播。

2. VI 设计是文化主题旅游饭店将文化主题转化为视觉符号，从而实现更为直观具象展示文化主题内涵，美化环境空间，强化宾客体验的重要手段。

文化主题旅游饭店 VI 设计的主要内容包括文化主题符号、家具形制、装饰图案纹样、文化主题色调色彩、文印品、布草、员工制服样式等内容。要求主题鲜明、语言简洁、色彩洗练、形制时尚、符合功能。

9. 标准 1.3.1 组织

1.3.1	组织			6			
1.3.1.1	内设机构		4				
	设置专职部门负责文化主题创建与可持续发展工作				4		
	有专人专职负责文化主题产品开发工作				2		

续表

1.3.1	组织		6				
1.3.1.2	有签约的专业公司或机构负责文化主题产品深度开发工作			2			

1. 组织创新与转型是文化主题旅游饭店持续发展，永具生命力的重要支撑和动力来源，因此文化主题旅游饭店应高度重视组织体系与制度的创新与建设工作。

2. 设置专职部门，或是设置专职专人，或是与相关机构、企业合作负责文化主题创建工作应由饭店根据自身实际灵活处理。

3. 无论采用何种方式，均应有相应的职责、分工、工作目标、任务、考核指标等制度规定，评分时饭店应出示相关的文字材料予以佐证。

10. 标准1.3.2 制度

1.3.2	制度		6				
1.3.2.1	有与文化主题一致的《企业文化手册》			2			
1.3.2.2	有《文化主题服务流程创新制度》			2			
1.3.2.3	有《创建文化主题旅游饭店绩效考核制度》			2			

建立符合文化主题旅游饭店运营要求的管理制度是实现科学管理和规范运营的客观需要，也是文化主题旅游饭店坚持主题化发展及持续保持活力的本质要求，其目的在于激活组织创新活力，激发员工参与热情，避免因饭店管理人员变动而造成的方向性改变，或因员工流动而造成的服务特色与品质降低。评分时，需要饭店出示相关制度文本，结合饭店业整体发展情况和饭店实际，对文本的完备、准确与实际执行情况进行综合性评价。

1.《企业文化手册》

是文化主题旅游饭店对文化主题的阐释、说明和相关要求，是饭店全体员工工作的基本纲要和行为规范，其主要内容包括文化主题的历史沿革与内容；文化定位与描述；依据文化主题，饭店的价值观、服务理念、发展愿景、分阶段目标、管理方针等；员工行动步骤；员工学习步骤等。

2.《文化主题服务流程创新制度》

是文化主题旅游饭店围绕文化主题，在一般性饭店SOP基础上，对各项服务流程与程序所进行的有意识创新和改变,其目的在于强化服务的文化性、趣味性、体验性和仪式感,是饭店文化产品最重要的组成部分。

3.《创建文化主题旅游饭店绩效考核制度》

是文化主题旅游饭店调动员工积极性,提升饭店经营效益的重要指标性文件,主要包括考核目的、原则、要素、责任、责权、权限、实施办法等内容。

11. 标准 1.3.3 人力资源

1.3.3	人力资源	9				
1.3.3.1	有结构合理的专家顾问团队		2			
1.3.3.2	有展示文化主题的特殊技能型人才（一种类型1分，最多3分）		3			

1. 专家顾问团队

文化主题旅游饭店的建设是一项创意性的系统工程,饭店需要借助外力,才能保证创建工作有深度、有力度、可持续地进行。专家顾问团队应根据文化主题开发的需要组织,主要由以下类型的人员组成:文化学者、饭店管理学者、市场营销学者、网络营销专家、建筑设计师、平面设计师、画家、工艺美术家、烹饪大师、营养师等。

2. 特殊技能型人才

特殊技能型人才指能够将饭店围绕文化主题所开发的文化主题产品、文化主题活动、文化主题服务以专业化技能,艺术性表演、展示和运用于服务过程中,从而引发宾客情感共鸣,形成美好体验感受与记忆的专门性人才。特殊技能型人才是文化主题旅游饭店的核心员工和宝贵财富,是饭店文化主题产品实现商品化转化的重要途径,主要包括拥有茶艺、舞蹈、演奏、歌唱、理疗、武术、运动、烹饪、手工艺制作等方面技能的人员。

12. 标准 1.3.5 经费

1.3.5	经费	4				
	有持续的文化主题专项年度预算并实际落实		4			
	有必要的资金投入		3			

经费是文化主题旅游饭店持续发展的基础条件，应根据饭店主题化发展规划，形成有效的经费预算制度。

必要的资金投入指饭店扣除创建初期的投入后，在持续性建设过程中的资金投入。原则上，年度资金投入应在超过年度预算的1%以上。

评分时，应参照饭店《文化主题旅游饭店报告书》附件"饭店基本情况"所填报的情况，对照实际的财务报表予以核定。

13. 标准3.1.3 关于结构、空间、流线

2.1.3	结构完善，功能布局合理，流线清晰	4				

1. 结构。建筑学意义的结构是指在建筑物中，由建筑材料做成用来承受各种荷载以起骨架作用的空间受力体系。建筑结构因所用的建筑材料不同，可分为混凝土结构、砌体结构、钢结构、轻型钢结构、木结构和组合结构等。而从饭店服务产品角度讲，结构完善指饭店依据自身功能需要，在建筑造型、空间布局、流线设计、设施设备布置等方面所体现出的科学性、功能性、艺术性与整体性，以及在此基础上饭店建筑群所呈现出的特色与吸引力。

2. 空间。是指建筑中，由各种人为实体围合的建筑物内的空的部分。老子《道德经》讲："埏埴以为器，当其无有器之用；凿户牖以为室，当其无，有室之用。"即是说，建筑设计不仅需要关注形成空间的长、宽、高等结构层面的因素，更应关注空的部分本身，即被围起来供人们生活与活动的空间。所以，在一定意义上空间是建筑的特性，是建筑的"主角"。饭店是在空间中实现交换，产生情感体验的行业，因此饭店建筑空间布局合理性体现在空间位置、区域衔接、转折与交叉、流线组织等环节根据各个空间的功能满足能力以及由此形成的有机的内部连接关系。文化主题旅游饭店的空间组织必须充分考虑文化主题展示的需要，必须有利于方便、经济地提供和体验文化主题产品和服务。

3. 流线。人们只有在空间中活动才能把握空间的本质，空间的核心是一种关联性，而流线是构建这种关联性的手段。

流线是指连接各功能区的通道。饭店的主要流线有：宾客消费流线、员工服务流线、物品运送流线。流线清晰是指饭店各空间与空间之间的通道设计合理，不交叉；通道组合便于宾客消费、服务提供、物品补充，经济快捷；通道

畅通、无障碍。

4. 文化主题旅游饭店还应该关注空间、通道的文化展示的艺术化水平和整体所体现出的文化主题氛围。

14. 标准 2.1.4 色调

2.1.4	外观色调		4	
	依据文化主题内涵，色调统一协调，富有美感			4
	有色彩设计，效果一般			2

所谓色调是指饭店色彩构成与运用对观赏者带来的某种感情效果和气氛感受。色调在创造环境气氛和意境过程中发挥着积极的主导作用。

中华民族的色彩观与"五行"思想紧密相连，相辅相成，共同构成为对外部世界的认识与理解。即五方正色（青、赤、黄、白、黑）与五行、五时、五音、五气等相对应，形成为中国人对天地五时、万物本身色彩的一种高度概括和抽象。

在建筑空间分隔、环境氛围营造方面，色彩发挥着十分重要的作用。色彩使建筑空间或物体具有感染力，强烈地吸引人们的注意力；物体的色彩比形状更能给人留下深刻的印象，增强人们的识别力和记忆力；不同的色彩环境，会让人产生不同的生理、心理反应，影响人们的感受和情绪；色彩可以传情达意，表达特定的主题内涵和信息，引发人们的思考。

色彩是饭店装饰中"最经济的奢侈品"，在文化主题旅游饭店应充分重视对色彩的运用，利用色彩被赋予的情感功能，更为有效和经济地展示文化主题，烘托文化氛围。色彩运用的方法有以下几种。

1. 充分发挥色彩性格，创造文化主题风格。风格是一个时代、一个民族、一个流派或一个艺术家的作品所表现出来的思想特点和艺术特点，由于色彩具有特殊的心理效应，色彩文化的情感述说功能使色彩在饭店风格形成中发挥着重要的作用。文化主题旅游饭店必须依照文化主题的特质，对色彩进行科学的选择和设计，让色彩赋予建筑生命和韵律，让色彩营造出特殊的环境气氛和心理感受，更让色彩也描绘出饭店独特的性格魅力。

2. 科学处理色彩与材质的关系。色彩的情感表现有赖于传达介质。这种传达介质有的指依附于介质表面颜料物质，无论是哪一种色彩存在方式，色彩的传达效果都会受介质材料材质和肌理的影响。介质的材料和肌理不同会给人不同的触觉，产生不同的心理感受。光滑材质表面的色彩给人以流畅之美，粗糙的材质表面则有古朴的风貌，即使是同一种色彩处于不同的介质表面，由于介质对光线的吸收和反射程度不同也会使色彩呈现细微的不同差别。文化主题旅游饭店在文化主题引领下，要求环境氛围协调、统一，能够表现文化主题、烘托文化主题和突出文化主题，因此充分重视色彩与材质的关系，对于营造贴切的文化主题氛围具有重要的意义。采用的方法有同一物体的色彩和材质机理相似互补对比；空间不同物体的色彩和材质相似互补对比等。每一种方法又可以衍生出不同的对比组合。这样不同色彩、不同质地的材质机理互相呼应、互相冲突，就能形成节奏丰富、律动和谐的色彩环境。

3.重视功能区别，有效运用色彩。文化主题旅游饭店色彩的运用除了依据文化主题科学配色外，围绕各区域服务功能，服从顾客需要，通过色彩营造最恰当的气氛，满足客人心理需求也是十分重要的环节。饭店前厅一般主色调宜采用浅暖色调，以较深的近似色的艺术品和家具点缀，形成高雅、明亮、宽敞、富丽，且温馨、舒畅的气氛。前厅色彩不宜过于零碎和多样，也不宜采用过多的金属色。客房中，色彩应以浅暖色调或中性色调为主，局部地方使用反差明显的装饰品点缀，形成宁静、温馨、舒适，且有生机的氛围。客房墙面应选用不带金属色的墙纸。中餐厅应以明亮的浅暖色调为主，家具采用较深的红色的近似色调，形成喜庆洋溢的氛围；西餐厅多用中性色，营造宁静、平和、明朗的气氛。

4.巧妙使用配色方法。在装饰艺术中，色彩的整体设计效果取决于各种色彩之间的关系，整体色调的建立是首要任务。所谓整体色调是指色彩构成给观赏者造成的某种感情效果和气氛。整体色调在创造环境气氛和意境过程中发挥着主导作用，没有整体色调，色彩就没有特色。没有色彩倾向，色彩也就失去了性格和创造环境气氛的条件。整体色调的建立取决于文化主题的内在规定。在整体色调建立的基础上，还需要注意平衡配色、统调配色、配色分割等问题。

5.注重光与色彩交融。没有光便没有色彩感觉。光的有效运用是创造环境空间"意境"的有效途径。光的抑扬、虚实、隐现、动静、被控制投射的范围等，可以强化色彩空间的序列层次，增强色彩空间环境的方向性，形成视觉中心，强化色彩整体氛围。因此在文化主题旅游饭店色彩环境建设中，必须同时考虑光的使用与配合。通过色彩与光交融，以动态调和原则营造出各种不同的意境空间感受，丰富环境的层次。

15. 标准 2.1.6 门头设计

2.1.6	门头设计		10		
2.1.6.1	回车廊造型有特色，体量与建筑匹配		4		
2.1.6.2	门前区域有文化元素设计（柱、天花、地面各1分）		3		
2.1.6.3	大门端庄气派		3		

1. 饭店门头设计特指饭店以主入口为中心的建筑与装修设计，包括回车线、回车廊、正门、侧门、梯步、照壁、装饰小品等。

门头是饭店建筑的门面，是饭店建筑重要的构成元素。作为一座饭店的主要外部标志，在很大程度上代表着饭店的性质、文化、风格和特征。

2. 饭店正门是宾客进入饭店的主入口，正门的尺度应根据饭店类型和客流需求，保障一定人流的正常通行，并与饭店整体建筑体量保持协调合理的比例关系和视觉效果。

正门应设置在前厅的正中位置；团队入口门不要与正门靠得太近。使用玻璃质地的大门，应有明显可视性标志以及别致、较大的把手。正门高度不得低于 2.2m，宽度不得小于 2.0m；侧门宽度应达到 1.0～1.8m；若设有双道门，其门厅深度不小于 2.44m。

3. 正门前应留有足够宽度的回车线，单车道不小于 4m，双车道不小于 7m，入口车道的坡度为 1:10～1:12。若采用台阶连接大门，台阶与大门之间必须保证有 2m 以上过渡平台。

4. 门上方雨棚可采用独立结构或悬挑结构设置，体量、风格应与整体建筑协调。

5. 门头装饰是一种以视觉语言表达的信息传递方式，它不仅宣传饭店、体现形象，彰显品牌，更是向宾客传递文化主题信息的良好途径，因此饭店应对门头进行整体的设计，从整体造型，到天花、柱体以及回车廊通道地面应结合文化主题，采用文化主题符号、VI 创意的装饰元素等予以装饰，"画龙点睛"，形成良好的文化主题视觉感受。

16. 标准 2.2.2 花园

2.2.2	有与主题文化相适应的花园		4					

花园是指独立于饭店建筑主体与车道的，总面积不小于饭店建筑群基底面积的饭店绿地。

花园在环境中与建筑物遥相呼应，协调共生，并通过假山、亭阁、小桥、叠水、小溪等观赏景物或建筑小品规划，形成独特景观效果和服务价值，在饭店环境系统建设中具有生态功能、游憩功能和美化功能。

花园设计应形成分区合理、连接巧妙、动静分隔的功能组团，并依据文化主题，开发和提供具有体验感、参与性的文化主题活动、康体休闲服务项目以及其他受宾客欢迎的服务产品。

17. 标准 2.2.3 水景

2.2.3	有不小于建筑基底面积的水景		4					

水景是指饭店依托或建造的水体及配套景观，包括湖泊、池塘、河道、溪流以及喷泉、瀑布、水帘、小桥、小舟等。所谓建筑基底面积是指饭店建筑的平面投影面积。

水景在饭店环境中可以缓冲、软化"凝固的建筑物"和硬质地面的冰冷感受，起到强化饭店环境生机，有益身心健康，满足宾客视觉艺术的需要，作为一种景观能给饭店带来灵动的环境氛围。

文化主题旅游饭店应高度重视水体质量、周边场地、配套的亭台楼榭等建筑以及小桥、小船、标识标牌、椅凳等设施的设计，融入文化主题，营造良好环境氛围。

应提供相关服务产品，强化安全、清洁等日常管理工作。

18. 标准 2.2.4 庭院

2.2.4	有体现文化主题的庭院		2					

《玉篇》：庭者，堂前阶也。院者，周坦也。庭院是建筑很重要的组成部分。在文化主题旅游饭店，庭院是指附属于饭店建筑主体，并将建筑主体巧妙延伸，与外部空间有机组合而成的室外休闲场所。庭院一般设置小径、雕塑、山石、座椅等，供宾客观赏、散步、休憩。庭院设计、建造应灵巧精致，清新幽雅。

根据饭店经营需要，可在饭店花园、庭院内提供小食、饮品、娱乐、健身等服务项目。依据文化主题内涵要求，可用假山、瀑布、跌水、植物、盆景、家具、用品等体现文化主题风格，在庭院中实现景观价值与服务价值的完美结合。

19. 标准 2.2.5 建筑小品

2.2.5	有依据文化主题的建筑小品		2			

1. 建筑小品是指既有功能要求，又具有点缀、装饰和美化作用的、从属于某一建筑空间环境（包括室内、室外）的小体量建筑、游憩观赏设施和指示性标志物等的统称，多以亭台、假山、花架、景墙、雕塑、小型水景等形式为基本载体。作为营造轻松、舒适、有趣的环境空间的一种方式，建筑小品是饭店景观建筑生态系统的重要组成部分。

2. 在饭店空间环境中，建筑小品具有以下功能：

（1）造景功能：建筑小品具有较强艺术性和观赏价值，因此在饭店空间装饰设计中能发挥其艺术造景的功能。小品在饭店整体环境中虽然体量很小，但却有画龙点睛的功能。

（2）使用功能：建筑小品不仅可造景，一些建筑小品还具有使用功能。如亭、台、廊、榭、椅等小品。

（3）信息传达功能：是指建筑小品所具有的宣传教育和区域识别功能。尤其是文化主题旅游饭店的建筑小品依据文化主题设计，因而具有特定的文化主题特征，是文化主题内涵或地域文化特质的最直接反映。

（4）区域划分功能：以各种护栏、围墙、挡土墙等载体的建筑小品除具有安全防护性功能外，还具有强调和划分不同空间的功能。

3. 建筑小品的设计要点可概括为巧于立意、精于体宜、独具特色、师法自然。

（1）建筑小品设计需要意在笔先，"意"是指依据文化主题所形成的设计中心思想和设计灵感，无意便无灵魂，只有通过艺术的形式，巧妙传达出特定精神与文化，建筑小品才能给人们提供观赏价值，才能发挥便捷的使用功能。因此，小品在设计时不仅要关注其外在形式美和造型丰富，还要更加注重对意境的设计，达到情景交融、寓情于景、触景生情的效果。

（2）精巧比例和合理构图能够提升景观整体效果。在建筑小品设计时，要注重考量空间、地势、近远景等不同空间条件下小品的体量和尺度，在设计上要把握好度，既要达到小品应有的效果，又不可喧宾夺主。

（3）建筑小品设计应独具特色，小品造型及风格应做到与周边环境协调和融合，并能体现出人文特色。每一个小品都应该是饭店景观中的一处精美艺术品，因此设计时应将小品自身特色尽量放大，将其熔铸在饭店整体风格与特色中。

（4）建筑小品在设计时应师法自然，与所处空间的使用功能、宾客的活动规律、空间的范围需求紧密结合，充分利用建筑小品灵活性和多样性特点，不突兀、不张狂、不生硬，得景随形，在无形中丰富饭店不同空间的景观特色。

4.在建筑小品设计中可采用主景、对景、隔景、障景、框景等手法，以发挥建筑小品最大的功能效应。

20. 标准 2.2.7 景观照明设计

2.2.7	景观照明		6		
2.2.7.1	设计		4		
	有表现力，烘托文化主题氛围			4	
	有景观照明			2	

1.在文化主题旅游饭店，以景观照明的方式表现文化主题，烘托特定氛围是非常重要的一项产品建设。

景观照明是指既有照明功能，又兼有艺术装饰和美化环境功能的户外照明工程。景观照明可分为道路景观照明、园林广场景观照明、建筑景观照明。

景观照明通常涵盖范围广、门类多，需要整体规划性思考，同时兼顾其中关键节点，如小景、建筑等个体的重点照明，因此，照明手法多样，照明器的选择也复杂，对照明设计师的整体设计能力要求较高。

2. 依据文化主题展示的需要，以合适的照度、科学的光色运用和艺术般的灯具造型来配合景观，创造出各种情调的景观特色，增加建筑艺术的美感，使环境空间更加符合人们的心理和生理需求是对景观照明设计的新要求。

景观照明的表现力体现在：烘托主题、创造形象、凸显个性、解读关系、展现价值。要求做到色彩协调、目的物照明清晰、亮度分布合理、灯具造型美观、氛围营造特色鲜明等。

21. 标准 2.3 文化主题展示区域

2.3	文化主题展示区域	6			
	有博物馆			6	
	有陈列室			4	
	有集中展示区			2	

文化主题展示场所是文化主题旅游饭店彰显文化，营造氛围，丰富产品，强化体验非常重要的功能设置。可利用饭店公共空间，采用最合适的类型与展示方式、手段、方法来予以实施。其基本要求是：

1. 文化主题展示区域应根据饭店的实际情况和空间条件设计，可以采用博物馆、陈列室模式，也可以采用其他行之有效的方式。

2. "有集中展示区"是指饭店的文化主题展示区域非博物馆、陈列室模式，而是利用饭店前厅、餐饮等公共区域空间、走廊、室外空间等区域设置的集中的、有设计、有布置的展示场所。

3. 有专门的设计、布置，内容丰富，展示手段生动，有助于宾客参观体验。

4. 展示内容：文化主题蕴涵的深层资源或基本要素的主要内容、历史沿革、文化价值、社会经济价值、相关研究成果、代表性人物；饭店对文化主题的理解；由文化主题所提炼的饭店价值观、服务理念、发展愿景、殷切希望；饭店主题化的过程，重要事件、人物等；饭店希望宾客体验的服务项目和特色商品等。

5. 总体要求：环境舒适，氛围浓郁，内容丰富，形式生动。

22. 标准 2.4.4 文化街或商品街区

| 2.4.4 | 有饭店开发文化街或商品街区 | 6 | | | | |

饭店产业链开发是主题化成熟度的标尺。依托饭店所开发的文化产品、特色商品，形成具有一定规模的体验和销售场所是文化主题产品、文化主题活动、特色商品体的重要内容，更是充分发挥文化力形成吸引力、品牌力，拓展饭店服务范围和收益空间的重要举措。

文化街或商品街区的规模与体量应根据饭店实际，可以建在饭店建筑内，也可以在紧临饭店建筑的室外区域，形式多样，功能为上，方便实用。

23. 标准 2.4.5 专门活动场所

| 2.4.5 | 为特定文化主题所设置的专门活动场所 | 2 | | | | |

文化主题活动是饭店的"活化产品"，是饭店最具魅力、最具参与性、最能形成深刻记忆的一种体验性服务产品。

有一些文化主题以及由此创意形成的文化主题活动需要相应特色的场地、设备、氛围或背景才能更好地参与和体验，这就要求饭店根据实际情况，设置专门的活动场所，形成专门设计的服务流程与规范来提供服务。如道家养生文化主题旅游饭店的"太极馆"，茶文化主题旅游饭店的"品茗室"，乒乓球文化主题旅游饭店的"乒乓球馆"等。

专门活动场所需要达到以下基本要求：

（1）有符合活动特性的场所。
（2）有满足需要的设施设备配置。
（3）有相关的服务程序设计。
（4）有专人指导。
（5）有相关的场所名称、开放时间、使用说明、安全提示、服务指南等。

24. 标准 2.7.5 墙面装饰

2.7.5	墙面装饰			4	
	有浮雕、壁画等，展示文化主题				4
	有包含文化主题元素的艺术装饰				2
	有装饰				1

1. 大型墙饰

浮雕、壁画等在饭店空间中是形成具有"空间震撼力"的一种大型墙饰艺术品。饭店大型墙饰是指在饭店前厅、中庭、宴会厅、会议厅等空间宽大场所用于墙面装饰的艺术品。大型墙饰可分为大型装饰画和大型艺术壁饰两种类型。

装饰画是绘画和工艺美术交融的一种新的艺术形式。相对于一般绘画而言，装饰画以其独有的艺术特点而存在，其显著特点是采用具有装饰性的形象、色彩、构图等表现方式，使画面具有装饰的美感或意境。从创作动机看，和一般绘画强调作者的主观感受不同，装饰画注重饭店所要表达和传递的风格、文化内涵和空间需求，强调饭店宾客的审美趣味和心理需要。

艺术壁饰是指安置在墙面上用于装饰、美化墙壁，塑造室内气氛与情调的视觉艺术品。其表现形式丰富多样，主要包括用纤维材料编织而成的壁挂和采用综合材料、硬质材料制作而成的壁饰两大类别。从艺术形式上，艺术壁饰可分为壁雕、壁刻、壁挂、壁毯以及各种材质的壁面镶嵌，在材料上可分为金属、木质、石材、石膏、玻璃、纤维、毛皮、塑料、陶瓷及其他一些复合材料。因而，强调造型美感和材质的肌理表达是艺术壁饰非常重要的创作要求。与此同时，艺术壁饰的设计还必须顺应时代发展需要，通过材料选用和后期处理形成特有的视觉效果，体现出绿色、生态的环保理念。

饭店大型墙饰艺术品作为一种特殊的艺术形式，在饭店人群最集中的公共功能区域内形象而直观地表达出饭店的情感诉求、设计理念和美学品位，对饭店文化氛围、装饰美感和视觉冲击力营造发挥着极其重要的作用。

2. 大型墙饰艺术品的特点

饭店大型墙饰艺术品设计是一种"形态创造"的过程，通过对特定文化元素的抽象提炼，再以优美、形象的符号表现，在饭店中述说着某种情感，讲述着一段故事，从而在枯燥、单调的饭店空间中营造出温暖、趣味，具有亲和力的视觉氛围，进而引发宾客的文化联想，得到审美乐趣，并产生新的文化体验和饭店记忆。正是由于饭店大型墙饰具有这种主题鲜明、气势恢宏、震撼力强、记忆深刻的艺术特点，因而在饭店中创造了服务产品与宾客体验的一种独特形态，成为饭店品质非常重要的组成内容。

大型墙饰的表现方式丰富多彩，其特点表现在：

（1）内容与风格的统一美。成功的饭店大型墙饰艺术品在题材方面非常讲究，饭店的市场定位、类型定位、档次定位、风格定位、饭店所在地历史文化资源、饭店企业的背景等是选择题材的重要依据。

（2）材料与装饰的协调美。饭店大型墙饰艺术品的工艺和材料与饭店建筑和空间相互适应、相互谐调，材料运用得当能对整个环境产生"画龙点睛"的视觉效果，是创作过程中必须反复推敲的重要环节。

（3）造型与功能的和谐美。饭店大型墙饰艺术品与其他艺术门类的不同点是它强调对空间的功能强化与气氛渲染。倘若脱离了特定的空间功能，单纯地去讲究大型墙饰的形式、材料和色彩是极不恰当的。因此饭店大型墙饰艺术品的图案、形象、色彩等必须充分考虑安置位置、空间尺寸、目的物照明等因素，必须服从于不同功能区域的功能需要，服务于各功能区宾客消费的心理特征。

3. 大型墙饰艺术品设计原则

大型墙面艺术品作为美化饭店环境的应用艺术，是整个空间环境不可分割的一部分，它与天花板、墙面、地面、家具、灯具、纺织品和其他装饰品相互融合，相互渗透，共同组织环境空间，形成氛围怡人、特色鲜明的空间氛围。因此，依据饭店大型墙饰艺术品的特点和功能需要，其设计应关注以下基本原则：

（1）必须对饭店市场有深刻了解，对饭店装饰空间的总体气氛、装饰风格有清醒的认识，形成能够烘托整体氛围，展现主题文化内涵的构图形态和造型风格。

（2）色彩在室内环境中对人的情感起着很重要的作用，饭店大型墙饰艺术品的色彩选择要考虑与环境空间的协调关系，要服务于空间装饰色彩的总基调。

（3）必须充分考虑表现方式和材料的使用问题。饭店装饰需要通过不同的材料组合及配置，才能营造出不同意境空间，给人以各种不同的心理感受。因此，大型墙饰艺术品必须使墙饰的肌理与建材的肌理形成一种有机协调的调和对比关系，给空间环境带来一种肌理的组合美，才能起到强化空间意境的作用。

（4）必须高度重视灯光与大型墙饰艺术品的配合，通过灯光的美化作用，形成视觉重点。

综上所述，作为饭店艺术品中的一种特殊形式，饭店大型墙饰的设计一定要做到主题突出、形制优美、色彩明亮、工艺精制、位置醒目、与环境空间协调、富于韵律。

25. 标准 2.7.9 艺术品系统

2.7.9	艺术品系统		6		
2.7.9.1	有展示文化主题的定制化中心艺术品			4	
2.7.9.2	艺术品			2	
	符合文化主题内涵				2
	有艺术品				1

1. 饭店艺术品

饭店艺术品包括由各种材质的装饰性雕塑、摆件、挂画、壁饰、花器等组合而成的符号系统。在饭店空间整体装饰中有渲染气氛、创造意境、提升氛围、营造情节的作用。在饭店空间氛围营造中，可以说艺术品是一种状态，一种语言，是活的艺术，是将饭店情感与诉求融入饭店环境空间，与视觉形象组合一体的一种整体思维模式。

2. 饭店艺术品的作用

一般来说，艺术品具有体验消费功能、实用消费功能和符号消费功能三个特性，而其中艺术品强调环境艺术的符号功能和营造美好感觉的体验功能的作用尤其突出。"艺术品作为环境设计最亲昵的姊妹艺术"，是环境设计的"空间媒介"，尽管有着自己特定的创作方法和审美原则，但一定要受制于整个环境空间的形态学要求，也就是说，要服从、服务于环境空间的整体功能与风格要求。饭店艺术品的作用表现为：

（1）空间功能机制的一环，并具有独立的欣赏价值。

（2）特定场所的视觉焦点，有标志性、识别性或者能够牵动人们纪念性情绪或宗教信仰。

（3）有利于特定场所的空间分隔与功能的更好发挥。

因此，艺术品设计创作的前提是协助构成完整的空间形态，实现物与物、人与物、人与建筑和自然环境之间的良好对话。

3. 饭店中心艺术品

所谓饭店中心艺术品是指在饭店艺术品系统中具有标志性功能的作品，其标志性主要有三层含义：

（1）中心艺术品的题材、造型、工艺与饭店总体风格定位高度一致，是饭店文化内涵最直接、最清晰、最形象的表述，对饭店空间装饰理念起到画龙点睛的功效。

（2）中心艺术品属于饭店"大型摆放艺术品"的一种，原则上应摆放在饭店最显著、最吸引人注意的地方，往往中心艺术品置于饭店前厅中央。

（3）中心艺术品是饭店视觉的中心，具有很高的艺术价值，给人以美感和文化享受。

饭店中心艺术品由于上述三个基本属性，因此它发挥着明确风格、营造氛围、展示文化、深化体验的功能。

4. 饭店中心艺术品设计方法

基于体验的饭店越来越重视情节化空间的塑造，所谓情节化空间是指饭店通过一系列专业化设计，在饭店空间中所创造和实现的一种具有美感和体验性质的意境，饭店中心艺术品正是基于此目的而在饭店中所形成的一种特定的艺术中介物，戏剧界将这种普通而关键性的中介物称为"戏胆"，即在戏剧表演中反复出现以强化戏剧中心思想的标志物件。因此，在饭店中心艺术品设计中"以抽象的思维观照具象的世界，以形象的方式展示理性的光辉"是始终应该坚持的原则。

饭店中心艺术品设计是创意性工作，应从文化资源、历史传统中提炼出能够展现饭店独特魅力的符号和元素作为设计的基础，并依据设计理念与宾客审美需要，创意性地完成设计。

饭店中心艺术品不一定采用高档的材质，不一定一味追求设计的高深，但形制优美，栩栩如生，风格地道是基本要求，作为饭店最具情感的符号，饭店中心艺术品需要能够引起宾客关注，激发宾客的情感共鸣。

饭店中心艺术品在反映设计思想，展示饭店服务文化和服务特色具有很高的创意性要求，不能一味模仿，更不能随意采用，饭店中心艺术品无论内容、造型、还是材质、工艺应具有独特性和唯一性。

饭店中心艺术品应符合饭店整体风格的内在逻辑和文化渊源，能够准确表达统一的设计思想，与空间装饰风格协调一致，以形成饭店统一的特色氛围。

综上所述，作为最重要的艺术品，饭店中心艺术品从设计、制作、布置等各方面应满足以下要求：以最具特征性的视觉艺术语言设计，以最符合主题内容的材质制作，以最恰当醒目的方式布置，以最简洁清晰的语言说明。

26. 标准 2.7.13 总服务台

2.7.13	总服务台			6		
2.7.13.1	位置与氛围				3	
	位置合理，有文化主题特色，整体氛围浓郁					3
	有总服务台功能					1
2.7.13.2	有构思独特的总服务台文化主题背景墙				3	

1. 总服务台

总服务台是饭店的中心，是宾客形成第一印象的关键所在。应设置在门厅正对面或侧面醒目位置，总服务台长度及区域空间大小与饭店星级高低和客房数相匹配。总服务台可采用站立式或坐式两种。

2. 总服务台背景

总服务台背景是前厅区域非常重要的视线焦点，饭店应充分依据文化主题内涵、元素等资源条件，结合饭店风格要求和经营需要，提炼形成具有文化主题说服力、艺术感染力、饭店审美品位的背景图案，其具体要求是：

（1）内容上更为贴近文化主题，成为文化主题展示的中心。

（2）构图清晰明了，形象、准确地表现主题。

（3）寓意深刻，含有吉祥祝福之意。

（4）色彩明亮，工艺精致，具有美感。

（5）与中心艺术品相互呼应，具有文化的内在联系，形成视觉与心理的递进与补充关系。

27. 标准 2.8.7 灯饰与照明

2.8.7	灯饰及照明			6		
2.8.7.1	灯饰				4	
	灯饰造型符合文化主题定制生产，有良好的装饰功能					4
	造型有艺术感					2

文化主题旅游饭店的灯饰既是一种使用设备，也是一种装饰艺术品。在满足实用需求和最大限度发挥光源功效的前提下，应更加注重外观造型的装饰美

学效果。

灯饰的造型设计和制作需要多工种、多技艺共同协作，形态上要求造型与文化主题风格一致，各组成部分在形状和细部上保持相互协调。色彩上要求灯饰的物质功能、使用环境和人们的心理产生和谐的感觉。材质上要求生产工艺先进，造型处理上体现材料本身所特有的合理美学因素。

28. 标准 2.8.9 床

2.8.9	床		11			
2.8.9.1	有独特效果的特型床具		4			
2.8.9.2	床靠、床头柜（各2分）等有文化主题元素装饰		4			
2.8.9.3	有展示文化主题的床裙、靠垫、床巾（各1分）等装饰物		3			

1. 床具的舒适性要求

人的一生约1/3的时间在睡眠中度过，因此睡眠质量与人们的健康和精神状态息息相关，要保证高质量的睡眠，床具等物质方面的条件也非常重要。

床具是饭店客房最重要的设备，床具包括床架、床垫、床围、床靠、床头柜等组成部分。通常分为单人床、双人床、特制床等不同的类型。

按照人机工程学原理，对床具的结构、尺度、材料等进行设计，以提高床具的舒适性是饭店床具配置最基本的要求。通常情况下，这就要求床具结构最好为符合人生理要求的三层结构，床宽为人体肩宽的2.5～3.0倍以上，床垫应选择一些振动衰减曲线平缓的材料制作等。

2. 床具的文化含义

我国的床具历史悠久，大约在殷商时期床就开始产生，到春秋战国时期基本成型。

作为一种生活形式和文化现象，从无足的席到矮足的床榻再到高足的床，这种由低到高的发展经历了几千年的时间。从四面敞开到三面围栏再到后期的屋中屋的架子床，再出现现代的睡床，床具的形式也经历了复杂的变化。这些形式的改变不仅与人类的生活起居方式的改变相关，也与人类的思想变迁有密切的关系。

因此作为一种生活用品，床具具有时代的特点，更是人类生活方式与文明发展的标志物。

3. 文化主题旅游饭店"有独特效果的特型床具"的要求

即是希望饭店为了更好体现文化主题的特质，可根据文化主题的文化特性，选择与之相符合的床具形式，如榻床、架子床、抱柱床等，以符合人体工程学的方式予以设计，从而创造形成一种更有特色、故事的独特产品。

29. 标准 2.8.12 挂画、陈设等艺术品

2.8.12	挂画、陈设等艺术品制作精美，布置专业，表现力强		4				

1. 挂画

挂画是指在饭店客房、走廊、电梯间、楼梯转角处、餐厅等空间墙面布置的小型挂件艺术品。主要是国画、油画、风景照片、宝剑、纸扇、蜡染、昆虫标本品种等。文化主题旅游饭店的挂画应高度注意以下环节

（1）题材与文化主题的一致性。

（2）材料、工艺对展示主题的表现力。

（3）布置方式的专业性，无论采用对称挂置还是不对称挂置的方式，都应关注视角关系，中国风格的艺术品，如国画、折扇、风筝、蜡染等以垂直方式挂置。油画以及镶有镜框的艺术品，如风景照片、剪纸、邮票、贝雕等一般采用俯视挂法，角度为 15°~20°，可以避免反光的影响。悬挂位置应稍过人的头部，在人的仰视线 30°范围内。

（4）应注意和环境与墙面装饰的协调性，挂件四周应有"留白"的处理，以增强艺术性。

（5）重视与灯光的配合，形成良好的艺术品位。

（6）关注绘画、挂件、装饰物的色调，形成良好视觉感受。

2. 艺术陈设

艺术陈设是指融合在饭店整体环境氛围之中，以艺术品摆件、装饰台、插花艺术品、装饰座椅、烛台、灯台等形式来对环境进行艺术文化点缀的装饰小品。在饭店中，艺术陈设虽然不能单独体现文化主题精神，但以其绚丽多姿的形态，在很大程度上能够丰富和完善饭店文化艺术装饰系统，起到画龙点睛的作用。在文化主题旅游饭店，艺术陈设具有以下特点：

（1）艺术陈设是饭店整体装饰的重要补充，是饭店文化艺术装饰设计一个

重要的组成部分。以文化主题为核心，设计、制作、布置具有很高文化内涵和很强艺术价值的艺术陈设是主题饭店文化主题氛围营造的重要环节，也体现出饭店精细服务的意识。

（2）艺术陈设以装饰为目的呈现于饭店各个环境空间，因此艺术与装饰性是陈设的价值所在。于造型中传递文化信息，在精细中交流思想情感，这是艺术陈设在饭店环境空间起到的无声效果。这就需要艺术陈设的设计、制作以及摆放位置必须进行考究，适得其所，恰到好处，与环境、与顾客形成交流，产生艺术与美的共鸣。

（3）艺术陈设既要充分考虑与饭店整体设计的协调，也要根据需要，常新常变，给顾客一种新鲜、清新的感受。这种变化应基于客源结构与需求的变化、饭店活动主题的差异、节气不同等多种因素。

（4）艺术陈设的布置要依据不同空间的风格、顾客活动的规律、饭店服务礼仪等条件进行设置。

（5）艺术陈设应布置在顾客视线最易观察处。包括电梯间、楼梯转角处、走廊中部和末端、玄关等场所。通过装饰小品的陈设，可以让这些区域得到美化，起到指示、观赏和延伸或缩短空间距离感的作用。

（6）艺术陈设室以细微的小装饰体现文化主题的局部元素，以小见大，展示文化主题是艺术陈设设计必须高度重视的问题。同时，精美的装饰小品也能体现饭店无微不至的人文关怀精神，形成顾客良好心理体验。

（7）艺术陈设在一定程度上可以通过视觉转移功能，弥补建筑结构的不足。同时利用装饰小品布置，还可以有效地分隔功能区域，形成合理的空间布局，形成顾客喜好的私人消费空间。

因此，艺术陈设在文化主题旅游饭店设置的形式可以多种多样，不断创新，其作用也非常重要，需要饭店高度重视。在主题文化展示过程中，应利用饭店"边角"区域和空间，充分发挥艺术陈设特定的功能与作用，营造出文化且具有情趣的环境空间。

30. 标准 2.9.2 各餐饮区域装修

2.9.2.1	各餐饮区文化主题风格突出，文化氛围浓郁（每个餐饮区 1 分，最多 5 分）			5		
2.9.2.2	各餐饮区有展示文化主题的艺术品摆件或字画等（每个餐饮区 1 分，最多 5 分）			5		

2.9.2.1	各餐饮区文化主题风格突出，文化氛围浓郁（每个餐饮区1分，最多5分）			5	
2.9.2.3	各餐饮区灯光设计专业，灯具有文化主题元素（每个餐饮区1分，最多5分）			5	

文化主题旅游饭店的餐饮区域包括中餐厅、西餐厅、咖啡厅、文化主题餐厅、风味餐厅、宴会厅、演艺餐厅、餐饮包间、茶坊、酒吧等区域，评定时应按照上述类型划分予以认定。

31. 标准 2.9.3 2.9.4 餐厅文化氛围的要求

2.9.3	桌布、椅套等烘托文化主题氛围			2	
2.9.4	背景音乐曲目适宜、音量适宜，音质良好			2	

关于桌布、椅套、沙发、陈台等家具和用品，以及背景音乐等项目的要求主要是针对文化主题餐厅所进行的考核。

32. 标准 2.9.5 菜单

2.9.5	菜单突出主题，具有收藏价值			2	

菜单是确定餐厅主题的决定性因素，是餐饮生产和服务的计划书，是反映文化主题的重要载体，更是沟通客人的桥梁。

菜单发展至今已有450余年的历史了，不同的时代的菜单反映着人们的不同消费习惯，传递着不同文明形态下人们的生活情趣与爱好，是人们品味生活、阅读历史的重要窗口。在文化主题旅游饭店中，菜单是宾客"可带走的好味道"，主题菜单在展示文化主题，营造浓郁就餐氛围中发挥着重要的功能作用：

1. 主题菜单是沟通的渠道

菜单是沟通经营者与消费者之间的渠道和工具。经营者和消费者通过菜单开始交谈，信息通过菜单开始沟通。一份好的菜单是文化主题的展示工具，具有很强的趣味性、故事性，能够激发顾客交流的欲望，更能刺激顾客的食欲。

2. 主题菜单是饭店餐厅水平的展示

顾客通过浏览菜单上的菜肴，对文化主题旅游饭店餐厅的水准形成初步的认识，精美的产品和让顾客对餐厅的服务充满期待；创新菜品会让顾客对饭店的管理能力产生信赖感；与文化主题相一致的创新产品推出，会引发顾客的好奇心，形成餐饮消费的冲动。

3. 主题菜单具有广告效应和传播价值

一份精心设计的菜单，装潢精美，色彩得体，洁净闪亮，雅致动人，犹如一件艺术品，给人以美感，顾客自然会爱不释手，予以珍藏，并作为向亲朋好友推介饭店的最好佐证，在许多场合进行展示。这便形成了饭店经营上十分重要的口碑效应。

因此，对主题菜单的总体要求是：主题鲜明、特色突出、精致美观、趣味盎然。在设计、制作过程中，应着重关注以下环节：

（1）菜单是餐厅与顾客沟通交流的桥梁，其信息主要是通过文字向顾客传递，所以文字的设计相当重要。要求菜品介绍文字描述详尽，字体选择恰当，有助表现创新菜品内涵和顾客识别。

（2）插图和色彩运用与餐厅氛围协调，符合创新菜品、主题宴会产品文化内涵的色彩要求。菜单中常见的插图主要有：菜点的图案、名胜古迹、餐厅外貌、名人在餐厅就餐的图片等。色彩的运用应柔和、轻淡、典雅大方。

（3）菜单的规格应与创新菜品、主题宴会产品的内容、餐厅的类型与面积、餐桌的大小和座位空间等因素相协调，方便顾客就餐和阅读。

（4）可根据创新菜品、主题宴会产品的需要选择不同的制作材质，如宣纸、折扇、竹简、卷幅、小屏风等，使之成为餐桌上的一件装饰艺术品，美化餐桌。

33. 标准 2.9.8 厨房要求

2.9.8	厨房		7			
2.9.8.1	应有与餐厅和菜式相适应的厨房配置			4		

应有与餐厅、菜式相适应的厨房是指：

1. 有专门的厨房配置；

2. 采用中心厨房制的情况下，应对厨房区域进行相应的分隔，配备必要的厨具。

34. 标准 2.10.1 康乐、会议区域装修风格

| 2.10.1 | 装修风格突出，形成浓郁的文化氛围（每个功能区2分，最多6分） | | 6 | | | |

康乐、会议区域包括饭店配置的所有康乐、会议活动区域在内，各类茶坊、酒吧不包含在内。

35. 标准 3.2.1 有文化主题客房

3.2.1	有文化主题客房		14			
3.2.1.1	有特色客房			8		
	三种风格以上特色客房				8	
	特色客房				4	
3.2.1.2	有名人客房			6		

1. 文化主题客房是指饭店依据文化主题展示需要，通过空间、平面布局、家具布置、灯光设计、色彩、陈设和装饰等环节的艺术处理，营造出某种独特的文化氛围，凸显某种文化主题的客房。文化主题客房包括名人客房、特色客房、体验客房、亲子客房等多种类型和形式。

参照文化主题旅游饭店必备项目检查表 2.17 释义的相关内容。

2. 特色客房是文化主题旅游饭店非常重要的文化主题产品，是指饭店为了展示文化主题，营造独特体验，形成差异化产品而依据文化主题风格，通过房型、装修装饰、家具配置与形制、客房用品用具、服务程序等手段所设计的，与一般性客房有着显著区别、拥有独特氛围的一种客房产品。

作为一种创新性产品，文化性，舒适性、差异化、体验感是特色客房的显著特点。

3. 名人客房是指以政治家、企业家、社会活动家、文体明星等知名人士入住饭店经历、故事为背景，文化主题旅游饭店专门设计的 种特色客房类型。

名人客房有以下基本要求：

（1）名称：知名人物的姓名，或以代表性符号语言为客房命名。

（2）说明：有相关说明，介绍知名人物的生平事迹、故事、饭店入住经

历等。

（3）标志物：客房内装饰或摆放有与知名人士相关的物件，如照片、书籍、生活用品等。

（4）流程：总服务台、客房等有专门创意、设计的服务程序。

36. 标准 3.2.6 布草等装饰艺术

3.2.6	有布草等装饰造型设计艺术展示		2			

布草等装饰艺术是指文化主题饭店员工根据文化主题的风格与内涵要求，使用布草、纸张等材料创意、折叠形成的艺术装饰品。

这种来自于员工创作的艺术品带着员工的温度、智慧、创造和倾情付出，能深深地感动宾客，成为饭店一道温暖的产品。

37. 标准 5 网络评价

5.5	网络评价		8			
	网络评分 4.8~5.0（含 4.8）分			8		
	网络评分 4.5~4.7（含 4.5）分			6		
	网络评分 4.0~4.4（含 4.0）分			2		

网络评价是移动互联网时代饭店产品消费者乐于分享、重视产品体验、重视自身群体意见的一种消费方式和消费特征，是饭店产品品质的一种客观反映，更对饭店经营活动产生较大的影响。

依据饭店宾客网络评价的情况，更为客观、公正、公开的评价饭店主题化所达到的水平和所取得的效果是饭店认证方法的一种创新。

评分时，应参照饭店官方网站、微信互动平台、第三方公共网络平台选取宾客评价意见，尤其是对主题化的评价情况为依据，形成对饭店的总体印象。

其分数计算方式根据不同区域的实际情况，选择较有影响力的三家或三家以上公共平台的数据相加平均，得出饭店的网络评分分值。

四、附录

ICS 03.200
A 12

LB

中华人民共和国旅游行业标准

LB/T 064—2017

《文化主题旅游饭店基本要求与评价》

Basic requirements and rating for cultural theme hotel

2017-08-15 发布　　　　　　　　　　2017-10-01 实施

中华人民共和国国家旅游局　　发布

前　言

本标准按照 GB/T 1.1-2009 给出的起草规则编制。

本标准由国家旅游局提出。

本标准由全国旅游标准化技术委员会（SAC/TC 210）归口。

本标准起草单位：国家旅游局监督管理司、四川省旅游发展委员会、四川省旅游饭店行业协会、四川大学旅游学院、成都西藏饭店。

本标准主要起草人：李原、刘克智、唐兵、吴大伟、刘瀛、周鲲、杨健、陈加林、吕志军、王燕林、姚界平、邹健、李艺、鲍小伟、安茂成、陈蓉、邹敏。

文化主题旅游饭店基本要求与评价

1 范围

本标准规定了文化主题旅游饭店的术语和定义、基本原则、等级与标识、等级评定基本条件及等级划分条件。

本标准适用于要求创建文化主题旅游饭店的住宿企业。

2 规范性引用文件

下列文件对于本文件的应用是必不可少的。凡是注日期的引用文件，仅所注日期的版本适用于本文件。凡是不注日期的引用文件，其最新版本（包括所有的修改单）适用于本文件。

GB/T 14308 旅游饭店星级的划分与评定

LB/T 007 绿色旅游饭店

3 术语和定义

下列术语和定义适用于本文件。

3.1

文化主题 cultural theme

依托某种地域、历史、民族文化的基本要素，通过创意加工所形成的能够展示某种文化独特魅力的思想内核。

3.2

文化主题旅游饭店 cultural theme hotel

以某一文化主题（见3.1）为中心思想，在设计、建造、经营管理与服务环节中能够提供独特消费体验的旅游饭店。

3.3

文化主题符号 cultural theme symbol

依据某一文化主题（见3.1）特点提炼形成的创意性符号。

3.4

文化主题产品 cultural theme product

围绕某一文化主题（见3.1）特点所提供的服务项目和特色商品。

3.5

文化主题活动 cultural theme event

围绕某一文化主题（见3.1）特点提供的文化性、参与性和体验性的活动项目。

3.6

文化主题氛围 cultural theme atmosphere

依据某一文化主题（见3.1）所营造出的饭店独特情调和气氛。

4 基本要求

4.1 传承发展要求

应深入挖掘文化主题的丰富内涵，通过体验感受，在饭店中展示中华文化的独特魅力，传承和弘扬优秀文化。

4.2 独特创意要求

应本着创新的精神，在饭店设计建设、经营管理与服务等环节突出文化主题，赋予产品更独特的体验价值，满足宾客多元化需求。

4.3 舒适安全要求

应遵循饭店建设、服务与管理的基本规律，满足顾客消费舒适性要求，强化安全保障，提升服务品质。

4.4 系统协调要求

应关注饭店内外环境及硬软件建设的系统性，风格统一，整体协调，提升饭店及所在区域旅游形象。

5 等级与标识

文化主题旅游饭店分为金鼎级和银鼎级两个等级。金鼎级为高等级，银鼎级为普通等级。等级越高表示接待设施与服务品质越高。

6 等级评定基本条件

6.1 饭店建筑、附属设施、服务项目和运行管理在安全、消防、卫生、文物保护、环境保护等方面应符合国家相关要求。

6.2 饭店应正式开业一年以上。

6.3 客房数应不少于15间（套）。

6.4 近三年内未发生重大及重大以上安全责任事故。

6.5 经营者应定期向旅游主管部门报送统计调查资料，及时向相关部门上报突发事件等信息。

7 等级划分条件

7.1 金鼎级

7.1.1 文化主题构建

7.1.1.1 应有创意策划，市场分析到位，资源评价准确；文化主题阐释清晰、健康、特色鲜明，符合宾客的审美需求和消费需要。

7.1.1.2 应有发展规划，体系完整，切实可行。

7.1.1.3 应有设计建设方案，完整专业，具有可操作性。

7.1.1.4 应有组织、制度、经费、营销等系统的保障机制。

7.1.2 文化主题氛围

7.1.2.1 建筑外观应具有特色，内外装修符合文化主题要求，格调高雅。

7.1.2.2 文化主题旅游饭店选址应考虑周边环境资源条件。

7.1.2.3 文化主题符号应使用得当，艺术品应符合文化主题内涵要求，装饰效果良好。

7.1.2.4 应有文化主题展示或有文化主题体验博物馆、陈列室、展示区等场所。

7.1.2.5 各功能区域名称、标牌应依据文化主题特点设计，风格独特优美。

7.1.2.6 店内艺术品、灯饰、绿色植物盛器等应符合文化主题风格，装饰感强。

7.1.2.7 公共区域装饰风格应符合文化主题特点，营造浓郁体验氛围。

7.1.2.8 前厅应依据文化主题内涵精心设计，装修、装饰风格鲜明，文化氛围浓郁。

7.1.2.9 客房区域装修应依据文化主题，风格鲜明，感受舒适。

7.1.2.10 餐饮区域装修应依据文化主题，风格突出。

7.1.2.11 餐桌、餐椅、餐柜等家具应依据餐厅整体风格配置，营造出浓郁的文化氛围。

7.1.2.12 台布、口布、椅套、餐具等应符合菜式与餐厅整体风格要求。

7.1.2.13 员工服饰宜依据文化主题特点设计，符合工装基本要求，方便员工工作。

7.1.2.14 服务指南、价目表、提示卡等应依据文化主题设计，制作精美。

7.1.2.15 员工区域应有本饭店文化主题的相关宣传。

7.1.3 文化主题产品

7.1.3.1 应有展示文化主题的前厅服务。

7.1.3.2 应有自行开发的特色饮食品。

7.1.3.3 应提供文化主题导览服务。

7.1.3.4 应有类型多样的文化主题客房及依据文化主题的创意性服务。

7.1.3.5 应配置文化主题餐厅，服务程序与规范有助于文化主题展示。

7.1.3.6 应有适应文化主题特点的康体、休闲服务。

7.1.3.7 应有依据本饭店文化主题自行开发的特色菜品。

7.1.3.8 应有依据本饭店文化主题自行开发的主题宴会产品。

7.1.3.9 应有符合文化主题自行开发的特色商品服务。

7.1.4 文化主题活动

7.1.4.1 应有展示文化主题的节庆活动。

7.1.4.2 宜有展示文化主题的演艺活动。

7.1.4.3 宜有深度体验文化主题的互动性体验活动。

7.1.5 基本功能与服务

7.1.5.1 建筑与空间

7.1.5.1.1 建筑物结构与空间布局应合理，流线清晰，方便宾客活动和服务提供。

7.1.5.1.2 内外装修材料应符合环保要求。

7.1.5.1.3 导向标志应清晰、实用、美观。

7.1.5.1.4 应符合 GB/T 14308-2010 中"表 A.4" 7.1、7.2 和 7.3 的要求。

7.1.5.1.5 建筑外立面、辅助建筑、设施设备与外部环境应做到维护保养与清洁卫生良好。

7.1.5.1.6 应有全店覆盖的 WIFI 配置及服务区域的互联网接入服务。

7.1.5.1.7 3 层以上建筑（含 3 层）应有满足需要的客用电梯。

7.1.5.1.8 应有方便特殊人群使用的设计、设施配备和相应服务。

7.1.5.2 前厅

7.1.5.2.1 前厅面积适宜，区域划分应合理，并应设有宾客免费休息区。

7.1.5.2.2 总服务台或接待区位置应合理，应提供 24h 接待、问询、总账单结账、国内和国际信用卡结算、行李及物品寄存等服务。

7.1.5.2.3 应 24h 接受包括电话、传真或网络等渠道的客房预订。

7.1.5.2.4 应有管理人员 24h 在岗值班。

7.1.5.2.5 应配置男女分设、方便宾客使用的公共卫生间。

7.1.5.3 客房

7.1.5.3.1 应符合GB/T 14308-2010中"表A.4"有关客房的要求("3.1"、"3.3"、"3.16"和"3.17"除外）。

7.1.5.3.2 应符合LB/T 007-2015中9.2.2、9.2.4、9.2.8和9.2.10的达标要求。

7.1.5.3.3 在不降低舒适度的前提下，客房用品使用应符合LB/T 007-2015的相关要求。

7.1.5.3.4 客房配置应类型多样，面积适宜，宽敞舒适。

7.1.5.3.5 客房应配置高品质的盥洗用品与电吹风，冷热水出水速度快，水温适宜，水压适当。

7.1.5.3.6 应有全店覆盖的免费WIFI配置，信号强度好，速度快。

7.1.5.3.7 客房内应有不间断电源，宜配置一键式总控开关和床头电源插座。

7.1.5.3.8 客房内提供适量的饮料，并备有饮用器具和价目单。提供免费茶叶或咖啡。提供冷热饮用水，可应宾客要求提供冰块。

7.1.5.3.9 可应宾客要求提供可出借的熨斗与熨板。

7.1.5.4 餐饮

7.1.5.4.1 餐饮功能配置应满足消费需要。

7.1.5.4.2 各餐厅应布局合理。

7.1.5.4.3 餐具应按习惯配置，光洁、卫生，无破损磨痕。

7.1.5.4.4 厨房配置应满足需求，管理到位，干净卫生。

7.1.5.4.5 冷菜间、面点间应独立分隔，有足够的冷气设备。冷菜间内应有空气消毒设施与二次更衣场所及设施。

7.1.5.4.6 应做到粗加工间与其他操作间隔离，各操作间温度适宜，冷气供应充足。

7.1.5.4.7 应有必要的冷藏、冷冻设施，生熟食品分柜置放。应有干货仓库。

7.1.5.4.8 应设置食品留样机制。

7.1.5.4.9 应有专门放置临时垃圾的设施并保持其封闭，排污设施（地槽、抽油烟机和排风口等）保持畅通清洁。

7.1.5.5 其他

7.1.5.5.1 设施设备应维护保养良好，并确保清洁卫生。

7.1.5.5.2 应有应急照明设施和应急供电系统。

7.1.5.5.3 主要公共区域应有闭路电视监控系统。

7.1.5.5.4 应有节能减排方案并付诸实施。

7.1.5.5.5 应有突发事件处置的应急预案和应急演练年度实施计划，并定期演练。

7.1.5.5.6 应管理规范有序，员工培训到位。

7.1.5.5.7 应有健全的经营、管理制度，经营效益良好。

7.2 银鼎级

7.2.1 文化主题构建

7.2.1.1 饭店应主题定位准确，特色突出。

7.2.1.2 应有设计建设方案，完整专业，具有可操作性。

7.2.1.3 管理制度、操作流程和服务规范等应符合文化主题旅游饭店建设需要。

7.2.1.4 服务项目和产品应具有良好的体验性。

7.2.2 文化主题氛围

7.2.2.1 建筑物外观有特色，内外装修应符合文化主题风格。

7.2.2.2 宜使用文化主题符号，艺术品装饰效果良好。

7.2.2.3 应有文化主题的展示场所。

7.2.2.4 各功能区域名称、标牌宜依据文化主题特点设计。

7.2.2.5 店内艺术品、灯饰、绿色植物盛器等宜有文化主题特点，装饰效果良好。

7.2.2.6 公共区域装修装饰宜依据文化主题设计，具有特色。

7.2.2.7 前厅装修应特色鲜明，风格突出。

7.2.2.8 客房区域装修应有文化氛围，感受舒适。

7.2.2.9 餐饮区域装修应有特色，氛围良好。

7.2.2.10 餐桌、餐椅、餐柜等家具应有特色。

7.2.2.11 台布、口布、椅套、餐具等应符合餐厅整体氛围。

7.2.2.12 员工服饰宜有特色，方便员工工作。

7.2.2.13 服务指南、价目表、提示卡等宜有特色。

7.2.2.14 员工区域应有相应的文化主题宣传。

7.2.3 文化主题产品

7.2.3.1 应提供展示文化主题的前厅服务。

7.2.3.2 应提供特色饮食品。

7.2.3.3 应提供文化主题导览服务。

7.2.3.4 应提供展示文化主题的创意性客房服务。

7.2.3.5 应提供展示文化主题的餐饮服务。

7.2.3.6 应提供展示文化主题的菜品。

7.2.3.7 应提供特色康乐服务。

7.2.3.8 可提供展示文化主题的特色商品。

7.2.4 文化主题活动

7.2.4.1 开发展示文化主题的节庆活动。

7.2.4.2 可提供展示文化主题的演艺或体验活动。

7.2.5 基本功能与服务

7.2.5.1 建筑与空间

7.2.5.1.1 建筑物空间应布局合理，方便宾客在饭店内活动。

7.2.5.1.2 内外装修材料应符合环保要求。

7.2.5.1.3 导向标志应清晰、实用、美观

7.2.5.1.4 建筑外立面与外部环境应做到维护保养与清洁卫生良好。

7.2.5.1.5 应有免费的WIFI配置。

7.2.5.1.6 4层以上建筑（含4层）应有满足需要的客用电梯。

7.2.5.1.7 应有方便特殊人群的相应服务。

7.2.5.2 前厅

7.2.5.2.1 前厅应面积适宜，区域划分合理，设有宾客免费休息区。

7.2.5.2.2 总服务台或接待区应位置合理，应提供18h接待、问询、总账单结账、国内和国际信用卡结算、行李、物品寄存等服务。

7.2.5.2.3 应24h接受包括电话、传真或网络等渠道的客房预订。

7.2.5.2.4 应有管理人员24h在岗值班。

7.2.5.2.5 应有男女分设的公共卫生间。

7.2.5.3 客房

7.2.5.3.1 应符合GD/T 14308-2010中"表A.3"的要求。

7.2.5.3.2 符合LB/T 007-2015中9.2.2、9.2.4、9.2.8和9.2.10的相关要求。

7.2.5.3.3 在不降低舒适度的前提下，客房用品使用符合LB/T 007-2015标准的相关要求。

7.2.5.3.4 客房配置应类型多样，面积适宜。

7.2.5.3.5 客房应有质量良好的盥洗用品，冷热水应出水速度快，水温适宜，水压适当。

7.2.5.3.6 应有全店覆盖的WIFI配置，信号强度好，速度快。

7.2.5.3.7 客房内应有不间断电源，宜配置一键式总控开关和床头电源插座。

7.2.5.3.8 客房内应提供免费茶叶或咖啡。提供冷热饮用水。

7.2.5.3.9 可应宾客要求提供可出借的熨斗和熨板。

7.2.5.4 其他

7.2.5.4.1 厨房应有严格的管理制度，食品安全管理到位，清洁卫生良好。

7.2.5.4.2 设施设备应维护保养良好，并确保清洁卫生。

7.2.5.4.3 应有应急照明设施。

7.2.5.4.4 主要公共区域应有闭路电视监控系统。

7.2.5.4.5 应有节能减排方案并付诸实施。

7.2.5.4.6 应有突发事件处置的应急预案和应急演练年度实施计划，并定期演练。

7.2.5.4.7 应管理规范有序，员工培训到位。

7.2.5.4.8 应有健全的经营、管理制度，效益良好。

表 A 文化主题旅游饭店必备项目检查表

表 A.1 给出了金鼎级主题旅游饭店必备项目检查内容

表 A.2 给出了银鼎级主题旅游饭店必备项目检查内容

表 A.1 金鼎级必备项目检查表

序 号	项 目	是否达标
1	文化主题构建	
1.1	有前期的创意策划，市场分析到位，资源评价准确，文化主题提炼、阐释清晰、健康、特色鲜明，符合宾客的审美需求和消费需要	
1.2	有企业中长期发展规划，体系完整，切实可行	
1.3	有设计建设方案，完整专业，具有可操作性	
1.4	有组织、制度、经费、营销等系统的保障机制	
2	文化主题氛围	
2.1	建筑外观具有特色，内外装修符合文化主题要求，格调高雅	
2.2	充分考虑周边环境资源条件，有利于经营和市场拓展	
2.3	文化主题符号使用得当，艺术品符合文化主题内涵要求，装饰效果良好	
2.4	有文化主题展示或体验的博物馆、陈列室、展示区等场所	
2.5	各功能区域名称、标牌依据文化主题元素设计，风格独特优美	
2.6	店内艺术品、灯饰、绿色植物盛器等符合文化主题风格，装饰感强	
2.7	公共区域有浓郁文化主题氛围	
2.8	前厅依据文化主题内涵精心设计，装修装饰风格鲜明，文化氛围浓郁	
2.9	客房区域装修依据文化主题，风格鲜明，感受舒适	
2.10	餐饮区域装修依据文化主题，风格突出	
2.11	餐厅家具、台布、口布、椅套、餐具等依据餐厅整体风格配置，符合菜式要求，营造出浓郁的文化氛围	
2.12	员工服饰宜依据文化主题特色设计，符合工装基本要求，方便员工工作	
2.13	服务指南、价目表、提示卡、送餐菜单等依据文化主题设计，制作精美	
2.14	员工区域有本饭店文化主题的相关宣传	
3	文化主题产品	
3.1	有展示文化主题的前厅服务	
3.2	有自行开发的特色饮食品	
3.3	提供文化主题导览服务	
3.4	有类型多样的文化主题客房及创意性服务	
3.5	配置文化主题餐厅，服务程序与规范有助于文化主题展示	
3.6	有符合文化主题特点的康体、休闲服务项目	
3.7	有依据本饭店文化主题自行开发的特色菜品	

续表

序号	项目	是否达标
3.8	有依据本饭店文化主题自行开发的主题宴会产品	
3.9	有依据文化主题自行开发的特色商品	
4	文化主题活动	
4.1	有展示文化主题的节庆活动	
4.2	有围绕文化主题的演艺活动或互动式体验活动等	
5	基本功能与服务	
5.1	建筑与空间	
5.1.1	建筑物结构与空间布局合理、导向系统清晰、实用、流线清晰，方便宾客活动和服务提供	
5.1.2	内外装修材料符合环保要求。	
5.1.3	导向标识牌特色鲜明，制作精良	
5.1.4	符合 GB/T 14308-2010 中"表 A.4"7.1、7.2 和 7.3 的要求	
5.1.5	建筑外立面、辅助建筑、设施设备与外部环境维护保养与清洁卫生良好	
5.1.6	有全店覆盖的免费 WIFI 配置及服务区域的互联网接入服务，信号强度好，速度快	
5.1.7	3 层以上建筑（含 3 层）有满足需要的客用电梯	
5.1.8	有方便特殊人群使用的设计、设施配备和相应服务	
5.2	前厅	
5.2.1	前厅面积适宜，区域划分合理，提供免费饮品服务，设有宾客免费休息区	
5.2.2	总服务台或接待区位置合理，提供 24h 接待、问询、总账单结账、国内和国际信用卡结算、行李及物品寄存等服务	
5.2.3	有管理人员 24h 在岗值班，24h 接受包括电话、传真或网络等渠道的预订	
5.2.4	配置男女分设、方便宾客使用的公共卫生间	
5.3	客房	
5.3.1	符合 GB/T 14308-2010 中"表 A.4"有关客房的要求（"3.1"、"3.3"、"3.16"和"3.17"除外）	
5.3.2	符合 LB/T 007-2015 中 9.2.2、9.2.4、9.2.8 和 9.2.10 的达标要求	
5.3.3	客房配置类型多样、面积适宜，实用舒适	
5.3.4	客房配置高品质的盥洗用品与电吹风，冷热水出水速度快，水温适宜，水压适当，客房用品使用符合 LB/T 007-2015 的相关要求	
5.3.5	客房内电源开关、插座配置合理，使用方便	
5.3.6	客房内提供冷热饮水和适量的饮料，备有饮用器具和价目单。提供免费茶叶或咖啡，可应宾客要求提供冰块	
5.3.7	应宾客要求提供可出借的熨斗与熨板	
5.4	餐饮	
5.4.1	餐饮功能配置满足消费需要，各餐厅布局合理	
5.4.2	餐具按习惯配置，光洁、卫生，无破损磨痕	

续表

序　号	项　目	是否达标
5.4.3	厨房配置满足需求，管理到位；冷菜间、面点间独立分隔，有足够的冷气设备，冷菜间内有空气消毒设施与二次更衣场所及设施；粗加工间与其他操作间隔离，各操作间温度适宜；有必要的冷藏、冷冻设施，生熟食品分柜置放，有干货仓库	
5.4.4	设置食品留样机制	
5.4.5	有专门放置临时垃圾的设施并保持其封闭，排污设施（地槽、抽油烟机和排风口等）保持畅通清洁。	
5.5	其他	
5.5.1	设施设备维护保养良好，清洁卫生	
5.5.2	有应急照明设施和应急供电系统。	
5.5.3	有节能减排方案并付诸实施	
5.5.4	主要公共区域有闭路电视监控系统，有突发事件处置的应急预案和年度演练计划，定期演练。	
5.5.5	有健全的经营、管理制度，员工培训到位，经营效益良好	

表A.2　银鼎级必备项目检查表

序　号	项　目	是否达标
1	文化主题构建	
1.1	主题定位准确，特色突出	
1.2	有设计建设方案，完整专业，具有可操作性	
1.3	管理制度、操作流程和服务规范等符合文化主题旅游饭店发展需要	
1.4	服务项目和产品具有差异化特色，有良好体验性	
2	文化主题氛围	
2.1	建筑物内外装修符合文化主题风格	
2.2	有文化主题符号，艺术品装饰效果良好	
2.3	有文化主题相关内容的展示场所	
2.4	各功能区域名称、标牌有设计，有特色	
2.5	店内艺术品、灯饰、绿色植物盛器等有特点，装饰效果良好	
2.6	公共区域装修、装饰依据文化主题设计，具有特色	
2.7	前厅特色鲜明，风格突出	
2.8	客房区域有文化氛围，感受舒适	
2.9	餐饮区域装修、装饰协调，有文化氛围，家具、台布、口布、椅套、餐具等符合餐厅整体氛围	
2.10	员工服饰有特色，方便员工工作	
2.11	服务指南、价目表、提示卡等有特色	
2.12	员工区域有文化主题宣传	

续表

序 号	项 目	是否达标
3	文化主题产品	
3.1	有展示文化主题的前厅服务,提供特色饮食品	
3.2	有文化主题导览服务	
3.3	有创意性客房服务	
3.4	有创意性餐饮服务	
3.5	有展示文化主题的菜品	
3.6	提供特色康乐服务	
3.7	提供展示文化主题的特色商品	
4	文化主题活动	
4.1	有展示文化主题的节庆活动	
4.2	有围绕文化主题的体验活动	
5	基本功能与服务	
5.1	建筑与空间	
5.1.1	建筑物空间布局合理,导向标识牌清晰、实用、造型有特色,方便宾客店内活动	
5.1.2	内外装修材料符合环保要求	
5.1.3	建筑外立面与外部环境维护保养与清洁卫生良好	
5.1.4	有覆盖全店的免费WIFI配置,信号强,速度快	
5.1.5	4层以上建筑(含4层)有满足需要的客用电梯	
5.1.6	有方便特殊人群的相应服务	
5.2	前厅	
5.2.1	前厅面积适宜,区域划分合理,设有宾客免费休息区	
5.2.2	总服务台或接待区位置合理,提供18h接待、问询、总账单结账、国内和国际信用卡结算、行李、物品寄存等服务。	
5.2.3	有管理人员24h在岗值班,24h接受包括电话、传真或网络等渠道的预订	
5.2.4	有男女分设的公共卫生间	
5.3	客房	
5.3.1	符合GB/T 14308-2010中"表A.3"2中有关客房的要求	
5.3.2	符合LB/T 007-2015中9.2.2、9.2.4、9.2.8和9.2.10的相关要求。	
5.3.3	提供质量良好的盥洗用品,冷热水出水速度快,水温适宜,水压适当。客房用品使用符合LB/T 007-2015标准的相关要求	
5.3.4	配置类型多样的客房,面积适宜	
5.3.5	客房内电源开关、插座配置合理,使用方便	
5.3.6	提供冷热饮用水和免费茶叶或咖啡	
5.3.7	应宾客要求提供可出借的熨斗和熨板	
5.4	其他	
5.4.1	厨房有严格的管理制度,食品安全管理到位,清洁卫生良好	

续表

序号	项目	是否达标
5.4.2	设施设备维护保养良好，清洁卫生	
5.4.3	有应急照明设施	
5.4.4	主要公共区域有闭路电视监控系统，有突发事件处置的应急预案和应急演练年度实施计划，并定期演练	
5.4.5	有节能减排方案并付诸实施。	
5.4.6	有健全的经营、管理制度，员工培训到位，效益良好	

表B 文化主题旅游饭店等级划分评价表

表B给出了主题旅游饭店等级划分的评价内容。

表B 等级划分评价表

评分说明： 1.本表总分为600分； 2.金鼎级文化主题旅游饭店合格分数不得低于480分； 3.银鼎级文化主题旅游饭店合格分数不得低于380分。		各大项总分	各分项总分	各次分项总分	各小项计分	计分	市州评定机构计分	省、市评定机构计分	全国评定机构计分
1	文化主题构建	100							
1.1	文化主题创意策划		20						
1.1.1	有市场需求分析			6					
1.1.2	有对文化资源的分析、加工、提炼			6					
1.1.3	文化主题定位			4					
	与饭店所在地文脉（人文资源）、地脉（自然资源）、人脉（社会资源）一致				4				
	引入或移植主题				2				
1.1.4	将文化主题融入饭店价值观、服务理念、企业精神等			4					
1.2	饭店设计		32						
1.2.1	建筑设计			4					
1.2.1.1	有完整的方案文本				2				
1.2.1.2	方案体现文化主题特质				2				
1.2.2	室内装修设计			4					
1.2.2.1	有完整的方案文本				2				

续表

评分说明： 1. 本表总分为600分； 2. 金鼎级文化主题旅游饭店合格分数不得低于480分； 3. 银鼎级文化主题旅游饭店合格分数不得低于380分。		各大项总分	各分项总分	各次分项总分	各小项计分	计分	市州评定机构计分	省、市评定机构计分	全国评定机构计分
1.2.2.2	紧扣文化主题，创意独特，经济实用，形成亮点				2				
1.2.3	艺术品设计			3					
1.2.3.1	有完整的方案文本				1				
1.2.3.2	紧扣主题，创意新颖，装饰性强				2				
1.2.4	园林景观设计			4					
1.2.4.1	有完整的方案文本				2				
1.2.4.2	规范协调，表现力强				2				
1.2.5	灯光系统设计			3					
1.2.5.1	有完整的方案文本				1				
1.2.5.2	功能照明、重点照明、氛围照明和谐统一				2				
1.2.6	家具设计			4					
1.2.6.1	有完整的方案文本				2				
1.2.6.2	融入文化主题元素，方便舒适				2				
1.2.7	VI设计			4					
1.2.7.1	有完整的方案文本				2				
1.2.7.2	生动形象展示文化主题内涵				2				
1.2.8	员工服饰设计			6					
1.2.8.1	有完整的方案文本				3				
1.2.8.2	体现文化主题元素				2				
1.2.8.3	符合饭店运用、服务需要				1				
1.3	建设保障		29						
1.3.1	组织			6					
1.3.1.1	内设机构				4				
	设置专职部门负责文化主题创建与可持续发展工作					4			
	有专人专职负责文化主题产品开发工作					2			
1.3.1.2	有签约的专业公司或机构负责文化主题产品深度开发工作				2				
1.3.2	制度			6					
1.3.2.1	有与文化主题一致的《企业文化手册》				2				
1.3.2.2	有《文化主题服务流程创新制度》				2				

续表

评分说明： 1. 本表总分为 600 分； 2. 金鼎级文化主题旅游饭店合格分数不得低于480 分； 3. 银鼎级文化主题旅游饭店合格分数不得低于380 分。		各大项总分	各分项总分	各次分项总分	各小项计分	计分	市州评定机构计分	省、市评定机构计分	全国评定机构计分
1.3.2.3	有《创建文化主题旅游饭店绩效考核制度》				2				
1.3.3	人力资源			9					
1.3.3.1	有结构合理的专家顾问团队				2				
1.3.3.2	有展示文化主题的特殊技能型人才（一种类型1分，最多3分）				3				
1.3.3.3	艺术团队				4				
	有专职艺术团队					4			
	有表演团队					2			
1.3.4	员工培训			4					
1.3.4.1	有文化主题培训计划				1				
1.3.4.2	有员工定期培训记录				1				
1.3.4.3	有自行编制的文化主题培训教材或资料				2				
1.3.5	经费			4					
	有持续的文化主题专项年度预算并实际落实				4				
	有必要的资金投入				3				
1.4	宣传促销		19						
1.4.1	店内宣传			10					
1.4.1.1	有宣传文化主题旅游饭店的店刊				3				
1.4.1.2	有饭店自行编印的主题读物				3				
1.4.1.3	有介绍文化主题及相关服务的专用电视频道				2				
1.4.1.4	有宣传饭店文化主题的多媒体系统				2				
1.4.2	店外宣传			6					
1.4.2.1	国家级报纸杂志、电视电台				3				
1.4.2.2	省级报纸杂志、电视电台				2				
1.4.2.3	本地报纸杂志、电视电台或新媒体平台				1				
1.4.3	促销			3					
1.4.3.1	饭店网站有清晰的文化主题酒店内容				2				
1.4.3.2	主流社交新媒体、平台的文化主题特色鲜明				1				
	本项小计：100 分　　　　得分								

续表

评分说明： 1. 本表总分为600分； 2. 金鼎级文化主题旅游饭店合格分数不得低于480分； 3. 银鼎级文化主题旅游饭店合格分数不得低于380分。		各大项总分	各分项总分	各次分项总分	各小项计分	计分	市州评定机构计分	省、市评定机构计分	全国评定机构计分
2	文化主题氛围与功能	330							
2.1	建筑		46						
2.1.1	建筑体量与周边环境协调			4					
2.1.2	建筑外观造型与文化主题风格一致，有视觉美感			8					
2.1.3	结构完善，功能布局合理，流线清晰			4					
2.1.4	外观色调			4					
	依据文化主题内涵，色调统一协调，富有美感				4				
	有色彩设计，效果一般				2				
2.1.5	外墙装饰材料			6					
2.1.5.1	外墙装饰材料符合文化主题风格要求，视觉效果良好				4				
2.1.5.2	使用绿色环保材料				2				
2.1.6	门头设计			10					
2.1.6.1	回车廊造型有特色，体量与建筑匹配				4				
2.1.6.2	门前区域有文化元素设计（柱、天花、地面各1分）				3				
2.1.6.3	大门端庄气派				3				
2.1.7	建筑外立面维护保养与清洁卫生良好			2					
2.1.8	饭店辅助建筑、设施和主体建筑风格匹配			2					
2.1.9	建筑品质			6					
	为文物保护单位（地市州级以上）				6				
	为历史性建筑				4				
2.2	环境		34						
2.2.1	资源条件			8					
	饭店位于旅游区、文化街区等，周边环境资源优越					8			
	饭店地理位置良好，靠近旅游区、文化街区、城市商业中心等					6			
2.2.2	有与主题文化相适应的花园			4					
2.2.3	有不小于建筑基底面积的水景			4					

续表

评分说明： 1. 本表总分为600分； 2. 金鼎级文化主题旅游饭店合格分数不得低于480分； 3. 银鼎级文化主题旅游饭店合格分数不得低于380分。		各大项总分	各分项总分	各次分项总分	各小项计分	计分	市州评定机构计分	省、市评定机构计分	全国评定机构计分
2.2.4	有体现文化主题的庭院				2				
2.2.5	有依据文化主题的建筑小品				2				
2.2.6	园林、景观维护保养良好				2				
2.2.7	景观照明				6				
2.2.7.1	设计			4					
	有表现力，烘托文化主题氛围				4				
	有景观照明				2				
2.2.7.2	采用智能化控制技术			2					
2.2.8	停车场通往饭店的通道和电梯间有文化主题装饰，照明充足				2				
2.2.9	标识标牌融入文化主题元素，制作精美，导向性强，公共信息图形符号符合规范				4				
2.3	文化主题展示区域		6						
	有博物馆				6				
	有陈列室				4				
	有集中展示区				2				
2.4	文化主题活动区域		18						
2.4.1	有剧院				4				
2.4.2	有演艺厅				4				
2.4.3	有互动式广场				2				
2.4.4	有饭店开发文化街或商品街区				6				
2.4.5	为特定文化主题所设置的专门活动场所				2				
2.5	主题文化符号		4						
	创意新颖、装饰性强				4				
	有符号设计				2				
2.6	有文化主题的宣传资料		2						
	内容翔实、制作精美、摆放位置，方便阅读				2				
	有宣传资料				1				
2.7	前厅		53						
2.7.1	面积适宜，功能划分合理，流线清晰通畅				3				

续表

评分说明： 1. 本表总分为600分； 2. 金鼎级文化主题旅游饭店合格分数不得低于480分； 3. 银鼎级文化主题旅游饭店合格分数不得低于380分。		各大项总分	各分项总分	各次分项总分	各小项计分	计分	市州评定机构计分	省、市评定机构计分	全国评定机构计分
2.7.2	设计风格突出，装饰材料符合文化主题内涵，氛围浓郁			3					
2.7.3	各类设施摆放合理，造型与文化主题适应			3					
2.7.4	有为特殊人群服务的设计与设施			3					
2.7.5	墙面装饰			4					
	有浮雕、壁画等，展示文化主题					4			
	有包含文化主题元素的艺术装饰					2			
	有装饰					1			
2.7.6	地面装饰			3					
	有主题文化符号，工艺良好					3			
	有包含文化主题元素的装饰					2			
	有装饰					1			
2.7.7	天花装饰			3					
	有专门设计，文化主题突出、工艺精美					3			
	造型及装饰有主题元素					2			
	有装饰设计					1			
2.7.8	灯饰			4					
	符合文化主题风格，造型典雅、别致					4			
	造型别致					2			
2.7.9	艺术品系统			6					
2.7.9.1	有展示文化主题的定制化中心艺术品				4				
2.7.9.2	艺术品				2				
	符合文化主题内涵					2			
	有艺术品					1			
2.7.10	家具			2					
	与文化主题风格一致，制作精良					2			
	配置合理，方便使用					1			
2.7.11	背景音乐			2					
	曲目与文化主题适应，音质良好、音量适中					2			
	音质良好、音量适中					1			
2.7.12	有覆盖全店的免费WIFI			2					

续表

评分说明： 1. 本表总分为 600 分； 2. 金鼎级文化主题旅游饭店合格分数不得低于 480 分； 3. 银鼎级文化主题旅游饭店合格分数不得低于 380 分。		各大项总分	各分项总分	各次分项总分	各小项计分	计分	市州评定机构计分	省、市评定机构计分	全国评定机构计分
2.7.13	总服务台			6					
2.7.13.1	位置与氛围				3				
	位置合理，有文化主题特色，整体氛围浓郁					3			
	有总服务台功能					1			
2.7.13.2	有构思独特的总服务台文化主题背景墙				3				
2.7.14	电梯间及电梯轿厢装饰有特色，形成良好文化氛围				4				
2.7.15	公共卫生间				4				
2.7.15.1	位置与氛围				2				
	位置合理，厕位充足，装修装饰融入文化主题元素					2			
	位置合理，厕位充足					1			
2.7.15.2	指示牌醒目，图形符号规范，有文化主题元素				1				
2.7.15.3	有适度服务				1				
2.7.16	前厅各区域维护保养、清洁卫生良好			1					
2.8	客房		90						
2.8.1	廊道及电梯间			10					
2.8.1.1	墙面、地面、天花（各2分）装饰体现文化主题				6				
2.8.1.2	有展示文化主题的艺术品（挂画、艺术陈设等）				2				
2.8.1.3	有展现文化主题的建筑景观小品				2				
2.8.2	指示标牌醒目，有文化主题元素，工艺精致				2				
2.8.3	门牌标识方式新颖或形制考究，有主题文化元素				2				
2.8.4	面积（不含走廊和卫生间）				4				
	30平方米以上					4			
	20平方米以上					2			
2.8.5	地面				4				
	依据文化主题体验需要选择材料，定制生产，装饰性、舒适性强					4			

119

续表

评分说明： 1. 本表总分为 600 分； 2. 金鼎级文化主题旅游饭店合格分数不得低于 480 分； 3. 银鼎级文化主题旅游饭店合格分数不得低于 380 分。		各大项总分	各分项总分	各次分项总分	各小项计分	计分	市州评定机构计分	省、市评定机构计分	全国评定机构计分
	有文化主题元素				2				
2.8.6	墙面			4					
	依据文化主题展示需要选择装饰材料，营造出良好文化氛围，效果良好				4				
	装饰材料体现文化主题元素				2				
2.8.7	灯饰及照明			6					
2.8.7.1	灯饰				4				
	灯饰造型符合文化主题定制生产，有良好的装饰功能				4				
	造型有艺术感				2				
2.8.7.2	符合客房照度和目的物照明需要			2					
2.8.8	开关与插座位置合理，方便客人使用			2					
2.8.9	床			11					
2.8.9.1	有独特效果的特型床具				4				
2.8.9.2	床靠、床头柜（各 2 分）等有文化主题元素装饰				4				
2.8.9.3	有展示文化主题的床裙、靠垫、床巾（各 1 分）等装饰物				3				
2.8.10	家具			8					
2.8.10.1	款式依据文化主题专门设计，与客房整体风格协调一致（写字台、座椅、行李柜等，每一件 2 分，最高不超过 6 分）				6				
2.8.10.2	配置合理、方便使用				2				
2.8.11	布草			4					
	布草柔软宜人、轻柔质优，图案、花色等有设计				4				
	布草柔软宜人、轻柔质优				2				
2.8.12	挂画、陈设等艺术品制作精美，布置专业，表现力强			4					
2.8.13	卫生间			14					
2.8.13.1	面积合理，功能完善，方便使用				4				
	8 平方米以上				4				
	4 平方米以上				2				

续表

评分说明: 1.本表总分为600分; 2.金鼎级文化主题旅游饭店合格分数不得低于480分; 3.银鼎级文化主题旅游饭店合格分数不得低于380分。		各大项总分	各分项总分	各次分项总分	各小项计分	计分	市州评定机构计分	省、市评定机构计分	全国评定机构计分
2.8.13.2	装修、装饰融入文化主题元素				2				
2.8.13.3	有与文化主题相符的艺术陈设				1				
2.8.13.4	客房洗浴用品				3				
	提供色彩、造型、款式、香型有特色的洗浴用品					3			
	提供高品质洗浴用品					1			
2.8.13.5	开关、龙头标识清晰，维护良好，使用方便				2				
2.8.13.6	冷、热水水压平稳，水温适宜，水量适宜，上下水通畅				2				
2.8.14	环保礼品袋有明显的文化主题标识			2					
2.8.15	文印品，制作精美，有文化主题元素			2					
2.8.16	服务指南有文化主题元素，编排科学，便于阅读			2					
2.8.17	有与文化主题相关的阅读物			2					
2.8.18	客房隔音效果良好			3					
2.8.19	窗帘质地、色彩、图案等体现文化主题，遮光效果良好			2					
2.8.20	客房区域工作间配置合理，管理到位			2					
2.9	餐饮		42						
2.9.1	各餐饮区域名称			5					
2.9.1.1	名称				3				
	围绕主题，名称形成序列，有故事					3			
	围绕主题，有内涵					1			
2.9.1.2	标牌制作精美，与整体文化主题风格一致				2				
2.9.2	装修装饰			15					
2.9.2.1	各餐饮区文化主题风格突出，文化氛围浓郁（每个餐饮区1分，最多5分）				5				
2.9.2.2	各餐饮区有展示文化主题的艺术品摆件或字画等（每个餐饮区1分，最多5分）				5				
2.9.2.3	各餐饮区灯光设计专业，灯具有文化主题元素（每个餐饮区1分，最多5分）				5				
2.9.3	桌布、椅套等烘托文化主题氛围			2					

续表

评分说明： 1. 本表总分为 600 分； 2. 金鼎级文化主题旅游饭店合格分数不得低于 480 分； 3. 银鼎级文化主题旅游饭店合格分数不得低于 380 分。		各大项总分	各分项总分	各次分项总分	各小项计分	计分	市州评定机构计分	省、市评定机构计分	全国评定机构计分
2.9.4	背景音乐曲目适宜、音量适宜，音质良好			2					
2.9.5	菜单突出主题，具有收藏价值			2					
2.9.6	酒水台			3					
	风格独特，融入文化主题元素				3				
	有装饰				1				
2.9.7	卫生间有文化主题元素装饰，形成良好文化氛围			3					
2.9.8	厨房			7					
2.9.8.1	应有与餐厅和菜式相适应的厨房配置				4				
2.9.8.2	位置合理，流线方便				1				
2.9.8.3	食品冷藏、冷冻、存放设施，餐具清洗、消毒设施，垃圾存放设备等配置齐全，满足食品卫生要求				2				
2.9.9	餐饮区域及附设卫生间空气清新，维护保养、清洁卫生良好			3					
2.10	康乐、会议区域		35						
2.10.1	装修风格突出，形成浓郁的文化氛围（每个功能区 2 分，最多 6 分）			6					
2.10.2	有展示文化主题的艺术品摆件或字画等（每个区域 1 分，最多 6 分）			6					
2.10.3	灯光设计专业，灯饰造型有文化主题元素（每个区域 1 分，最多 6 分）			6					
2.10.4	各区域围绕文化主题命名，有内涵			5					
2.10.5	绿色植物选用合理，造型美观，维护情况良好			2					
2.10.6	指示牌醒目，信息图形符号规范，有文化主题元素			2					
2.10.7	员工区域			4					
2.10.7.1	员工阅览室或图书室有介绍主题的相关书籍、资料等				2				
2.10.7.2	有主题文化宣传栏				2				
2.10.8	各区域物品摆放井然有序			2					
2.10.9	维护保养、清洁卫生良好			2					
	本项小计：330 分　　　　得分								

续表

评分说明： 1.本表总分为600分； 2.金鼎级文化主题旅游饭店合格分数不得低于480分； 3.银鼎级文化主题旅游饭店合格分数不得低于380分。			各大项总分	各分项总分	各次分项总分	各小项计分	计分	市州评定机构计分	省、市评定机构计分	全国评定机构计分
3		文化主题产品	130							
3.1		前厅		24						
3.1.1		总服务台提供与文化主题相关的宣传品或资料				2				
3.1.2		总服务台提供特色赠品（如糖果、小礼品等）				2				
3.1.3		提供免费迎宾饮品				2				
3.1.4		入住、退房服务方式有创新，有助于文化主题旅游饭店舒适体验				4				
3.1.5		大堂吧				6				
3.1.5.1		风格			2					
		与前厅整体氛围相融合，文化氛围浓郁				2				
		有主题元素，氛围一般				1				
3.1.5.2		提供根据本饭店文化主题开发的特色饮品、食品				2				
3.1.5.3		器皿与特色饮食品配套，清洁卫生				1				
3.1.5.4		价目表、桌卡等制作精美，有艺术装饰性				1				
3.1.6		大堂吧表演			2					
		有与文化主题氛围一致的表演				2				
		有表演				1				
3.1.7		文化导览			3					
		提供店内文化导览服务，有精心编写的解说词文稿，现场解说生动有趣				3				
		提供店内文化导览服务				2				
3.1.8		商务中心、书店、商场等			3					
3.1.8.1		标示清晰、规范				1				
3.1.8.2		氛围协调，物品摆放有艺术性				2				
3.2		客房		34						
3.2.1		有文化主题客房			14					
3.2.1.1		有特色客房				8				
		三种风格以上特色客房				8				

续表

评分说明： 1. 本表总分为600分； 2. 金鼎级文化主题旅游饭店合格分数不得低于480分； 3. 银鼎级文化主题旅游饭店合格分数不得低于380分。		各大项总分	各分项总分	各次分项总分	各小项计分	计分	市州评定机构计分	省、市评定机构计分	全国评定机构计分
	特色客房				4				
3.2.1.2	有名人客房				6				
3.2.2	有专门设计的宾客进房服务程序			2					
3.2.3	提供自行开发的特色食品			3					
3.2.4	提供自行开发的特色饮品			3					
3.2.5	浴袍、睡衣等依据文化主题设计，穿着舒适			2					
3.2.6	有布草等装饰造型设计艺术展示			2					
3.2.7	夜床服务			8					
3.2.7.1	程序规范				2				
3.2.7.2	晚安致意卡设计精美，温馨感人				2				
3.2.7.3	夜床赠品				4				
	有自行开发的赠品					4			
	有纪念性的赠品					2			
3.3	餐饮		38						
3.3.1	有展示文化主题的不同类型餐厅（1个2分，最多6分）			6					
3.3.2	有可体验性的特色酒吧、茶室等，文化主题氛围浓郁（1个2分，最多4分）			4					
3.3.3	创新菜品			8					
3.3.3.1	采用当地独特的原料				2				
3.3.3.2	采用绿色环保食材				2				
3.3.3.3	挖掘民间传统美食烹饪方法				2				
3.3.3.4	菜名有故事				1				
3.3.3.5	菜品装盘艺术性强				1				
3.3.4	主题宴会			20					
3.3.4.1	菜品构成				4				
	采用饭店创新菜品序列化构成					4			
	采用所在地特色菜品构成					2			
3.3.4.2	有体现文化主题氛围的宴会专用餐厅				4				
3.3.4.3	菜品组合科学，色香味形俱佳				2				
3.3.4.4	餐具				4				
	根据主题宴会内容，使用定制餐具					4			

续表

评分说明： 1. 本表总分为 600 分； 2. 金鼎级文化主题旅游饭店合格分数不得低于 480 分； 3. 银鼎级文化主题旅游饭店合格分数不得低于 380 分。		各大项总分	各分项总分	各次分项总分	各小项计分	计分	市州评定机构计分	省、市评定机构计分	全国评定机构计分
	餐具等与菜品搭配协调				2				
3.3.4.5	有独特的服务仪式设计			2					
3.3.4.6	菜品解说融入文化主题，有趣味			1					
3.3.4.7	餐间表演			2					
	与主题宴会内涵一致的表演				2				
	有餐间表演				1				
3.3.4.8	背景音乐与文化主题吻合，营造出良好的就餐氛围				1				
3.4	康乐、会议、特色商品等		34						
3.4.1	有特色性康乐、休闲项目（水疗、瑜伽、武术、探险、拓展、知识培训、手工制作、茶艺等，1 项 1 分，最多 6 分）			6					
3.4.2	提供与文化主题相关的大型休闲娱乐项目（温泉、恒温游泳池、游艇、骑马场、高尔夫场、滑雪场等 1 项 2 分，最多 10 分）			10					
3.4.3	根据服务项目，配置专业辅导人员（有一种种类 2 分，最高 4 分）			4					
3.4.4	会议服务程序有创新，形成良好体验感受			1					
3.4.5	购物			13					
3.4.5.1	有自行开发的特色商品（如纪念品、工艺品、土特产品、酒、饮料等，1 项 2 分，最多 10 分）				10				
3.4.5.2	有所在地土特产品销售				1				
3.4.5.3	有销售特色商品的商店				1				
3.4.5.4	能提供打包、快递服务				1				
	本项小计：130 分　　得分								
4	文化主题活动	20							
4.1	有迎宾仪式设计		4						
4.2	广场表演		4						
	有顾客参与的互动式广场娱乐活动				4				
	有观赏性广场表演活动				2				
4.3	演艺		4						

续表

评分说明： 1. 本表总分为600分； 2. 金鼎级文化主题旅游饭店合格分数不得低于480分； 3. 银鼎级文化主题旅游饭店合格分数不得低于380分。		各大项总分	各分项总分	各次分项总分	各小项计分	计分	市州评定机构计分	省、市评定机构计分	全国评定机构计分
	有展示文化主题的戏剧演出					4			
	有歌舞晚会					2			
4.4	有定期举办饭店主题文化节				4				
4.5	有定期举办的饭店主题美食节				4				
本项小计：20分　　　得分									
5	其他	20							
5.1	为星级饭店			3					
5.2	为绿色旅游饭店			3					
5.3	创建过程中			2					
	采纳相应等级评定机构的意见					2			
	征询相应等级评定机构的意见					1			
5.4	创建文化主题旅游饭店受到表彰			4					
	国家级					4			
	省级					3			
	市级					2			
5.5	网络评价			8					
	网络评分4.8~5.0（含4.8）分					8			
	网络评分4.5~4.7（含4.5）分					6			
	网络评分4.0~4.4（含4.0）分					2			
本项小计：20分　　　得分									
总分：600　　　实际得分									

文化主题旅游饭店评定总表

项目\申请等级	等级划分条件（在□打√）	评定项目检查得分 项目	评定项目检查得分 本项分数小计	评定项目检查得分 实得分数	评定等级得分 达标得分线	评定等级得分 实得分数
级	1. 金鼎级要求　达标□ 　　　　　　　不达标□	文化主题构建	100		金鼎级： 480	
		文化主题氛围与功能	330			
		文化主题产品	130			
	2. 银鼎级要求　达标□ 　　　　　　　不达标□	文化主题活动	20		银鼎级： 380	
		其他	20			
		总分	600			
评定员意见： 评定员签字： 　　　　　年　　月　　日				地方旅游星级饭店评定委员会意见 （盖章） 　　　　　年　　月　　日		

文化主题旅游饭店申请报告

饭店名称：_____

此处粘贴饭店申报特色区域照片

（请用实景照片）

附件：饭店基本情况

1. 饭店名称：（中文）_____，（英文）_____
2. 法人代表姓名：（中文）_____，（英文）_____
3. 总经理姓名：（中文）_____，（英文）_____
4. 地址：（中文）_____
5. 电话：_____，传真_____，邮箱：_____
6. 所属经济类型：

内资企业：□国有　　□集体　　□私营　　□联营
　　　　　　□股份合作　□有限责任　□其他

港澳台企业：□香港投资　　□澳门投资　　□台湾投资

外资企业：□外商投资

7. 所有者（股东）：（1）_____，（2）_____
　　　　　　　　　（3）_____，（4）_____

8. 开业日期：

试营业日期：_____，正式营业日期：_____

9. 投资情况：

建造总投资：_____，主题建设投入：_____

10. 经营情况：

□自主管理　　□委托管理　　□承包管理　　□特许经营

管理公司名称：（中文）_____，（英文）_____

品牌名称：（中文）_____，（英文）_____

承包者名称：（中文）_____，（英文）_____

11. 饭店客房数：_____，开业以来_____发生重大及重大以上安全责任事故

12. 文化主题定位为：_____

　　文化主题背景介绍：_____

13. 因创建文化主题饭店所设立的部门：_____

14. 创建文化主题饭店主要负责人：_____

15. 文化主题饭店建设专项年度费用预算：（元/年）_____
16. 创建文化主题饭店特殊人才：_____，主要技能：_____
17. 围绕文化主题形成的特色服务产品（客房、餐厅、菜品、康乐活动等）：_____
18. 围绕文化主题研发的特色商品：_____
19. 围绕文化主题编排的表演活动：_____
20. 因创建文化主题饭店受到的表彰情况：_____
21. 饭店员工总数_____人，男：_____，女：_____，大专以上学历者：_____人

　

根据中华人民共和国国家旅游行业标准《文化主题旅游饭店基本要求与评价》（LB/T　　　　），本饭店申请评定为_____级文化主题饭店。

本饭店法定代表人保证：

（1）以上各项数据属实，并对此负责。

（2）接受相应文化主题旅游饭店评定机构的评定结果，如有异议，服从全国文化主题旅游饭店评定委员会的最终裁决。_____

饭店法人代表签字：_____

饭店公章：_____

日期：____年____月____日

责任编辑：谯　洁
责任印制：冯冬青
封面设计：中文天地

图书在版编目（CIP）数据

文化主题旅游饭店基本要求与评价（LB/T 064—2017）释义 / 中华人民共和国文化和旅游部编． -- 北京：中国旅游出版社，2018.5
　　ISBN 978-7-5032-6022-3

Ⅰ．①文… Ⅱ．①中… Ⅲ．①旅游饭店－经营管理－行业标准－中国 Ⅳ．①F726.92-65

中国版本图书馆CIP数据核字（2018）第102736号

书　　名：	文化主题旅游饭店基本要求与评价（LB/T 064—2017）释义
作　　者：	中华人民共和国文化和旅游部编
出版发行：	中国旅游出版社
	（北京建国门内大街甲9号　邮编：100005）
	http://www.cttp.net.cn　E-mail:cttp@cnta.gov.cn
	营销中心电话：010-85166503
排　　版：	北京旅教文化传播有限公司
经　　销：	全国各地新华书店
印　　刷：	北京工商事务印刷有限公司
版　　次：	2018年5月第1版　2018年5月第1次印刷
开　　本：	710毫米×1000毫米　1/16
印　　张：	9.125
字　　数：	163千
定　　价：	48.00元
ISBN	978-7-5032-6022-3

版权所有　翻印必究
如发现质量问题，请直接与营销中心联系调换